U0564188

企业资本运营

投融资实战操作指南

谌豫锋◎著

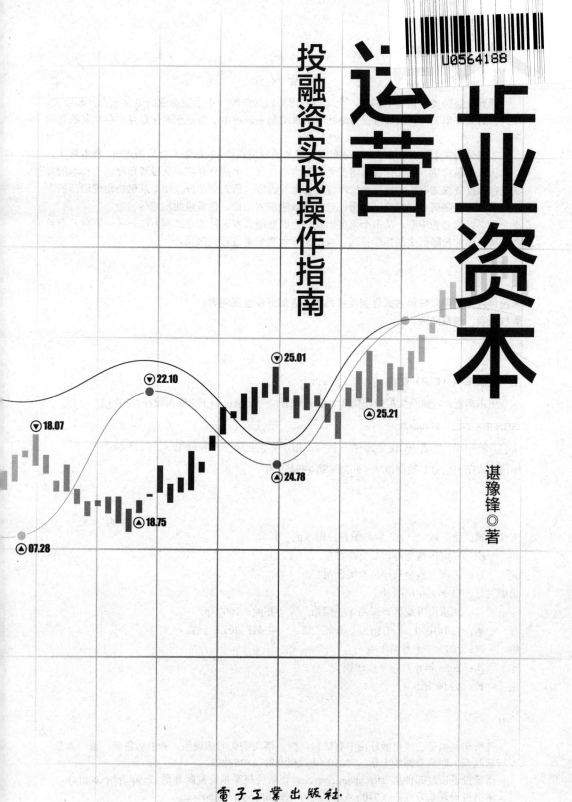

电子工业出版社·

Publishing House of Electronics Industry

北京·BEIJING

内 容 简 介

受到新冠肺炎疫情等的影响，全球经济形势较为严峻，中小型企业的生存压力日渐增大。在这样的大环境下，利用投融资策略让资本流动起来，对中小型企业确保自身生存和发展至关重要。

本书分为 3 个部分。第一个部分介绍了资本的发展规律，包括资本背后的逻辑、资本规律、资本运营体系构建、现代化资本增值之道等内容。第二个部分介绍了从投资角度运营资本的方法，包括投资规划设计、投资全流程管理方案等内容。第三个部分介绍了从融资角度运营资本的方法，包括融资布局战略、融资模式、高效融资方法论、融资风险规避等内容。

本书以读者为中心，从多个角度出发，全面介绍资本运营的意义和方法，是一本兼具理论性和实践性的投融资实战操作指南，有助于读者更好地进行投融资。

图书在版编目（CIP）数据

企业资本运营：投融资实战操作指南 / 谌豫锋著. —北京：电子工业出版社，2023.1
ISBN 978-7-121-44406-7

Ⅰ. ①企… Ⅱ. ①谌… Ⅲ. ①企业－投资－指南②企业融资－指南 Ⅳ. ①F275.1-62

中国版本图书馆 CIP 数据核字（2022）第 189459 号

责任编辑：张　毅　　　特约编辑：田学清
印　　刷：三河市鑫金马印装有限公司
装　　订：三河市鑫金马印装有限公司
出版发行：电子工业出版社
　　　　　北京市海淀区万寿路 173 信箱　　　邮编：100036
开　　本：720×1000　1/16　印张：15　字数：201.6 千字
版　　次：2023 年 1 月第 1 版
印　　次：2023 年 8 月第 2 次印刷
定　　价：69.00 元

凡所购买电子工业出版社图书有缺损问题，请向购买书店调换。若书店售缺，请与本社发行部联系，联系及邮购电话：（010）88254888，88258888。
质量投诉请发邮件至 zlts@phei.com.cn，盗版侵权举报请发邮件至 dbqq@phei.com.cn。
本书咨询联系方式：（010）57565890，meidipub@phei.com.cn。

前　言

　　资本运营是资本和资产的交易。"投资"是用资本换资产，"融资"是用资产换资本。企业要想发展壮大，投资者要想获利，资金就必须流动起来。例如，在买了股票后，即使股票价格飞涨，也不能保证赚到钱，因为股价还会跌落。只有把手中的股票换为资金，才算赚到了钱。同理，企业拥有的土地、厂房、技术等本身不能产生价值，只有让它们运转起来，才能产生价值。企业需要借助资金让这些存量资产"动"起来，从而获得更多的资金。

　　资本运营是企业发展的必经之路。企业发展一般有两条路径，一是"上楼梯"，二是"上电梯"。"上楼梯"指的是企业完全依靠自有资金发展，通过利润来扩大再生产，这条发展路径内部风险小，外部抗风险能力弱。"上电梯"指的是借助资本的力量快速提升企业的实力，使企业占据有利的竞争位置，这条发展路径内部风险大，外部抗风险能力强。

　　市场环境千变万化，谁能先人一步，谁就能占据风口，拥有主动权。例如，携程网在成立 7 个月时，率先得到了一大笔风险投资资金，兼并了当时的行业龙头运通网。从此，携程网改写了一个行业的历史。

　　技术、市场、资本是企业竞争的 3 个关键因素。研发速度和市场规模固然重要，不过，最终能发展到什么程度，取决于企业拥有多少资金。

　　因此，企业应该投资、融资两手抓。一方面，让自有资金不断流动，产生更多的价值；另一方面，充分借助外部资金，扩大再生产，提高企业的盈利能力，从而在不断变化的市场环境中抓住先机。

如今，资本的流动性不断增强，资本运营的空间越来越大。本书遵循由浅入深、循序渐进、紧跟热点的原则，帮助创业者学习资本运营策略，指导创业者进行科学、合理的投融资。

本书并非站在投资者的角度，而是站在创业者、管理者、企业家的角度，介绍与资本运营相关的知识、方法。本书以资本运营和投融资为主线，打破传统理论的束缚，按照全新的思维方式来讲述，内容简单易懂、实操性强。

目 录

第 1 章　探索资本背后的逻辑

资本对公司发展的意义不言而喻。然而,创业者真的理解"资本"的内在含义吗?为什么创业者眼中的一些好项目在投资者眼中一文不值?这可能是因为创业者没有掌握资本运营的规律,没有用资本思维运营公司。

1.1　资本设计："赚钱"与"值钱"

对公司而言，是"值钱"重要，还是"赚钱"重要？很多创业者可能没有思考过这个问题。如果从资本的角度来看，那么一家"值钱"的公司比一家"赚钱"的公司更有吸引力。因为一家"赚钱"的公司只能在当下获得利润，不能保证长久发展，一家"值钱"的公司则后劲十足，有机会快速扩张。

1.1.1　思考：公司为什么要值钱

某市 A、B 两家餐厅同时开业。A 餐厅只面向本市，聘请的厨师水平很高，开业仅两个月就实现了盈利。B 餐厅以本市为出发点，面向全国，虽然在开业前制定了全新的服务流程和产品标准，但是始终没有实现盈利。如果基于盈利情况来分析，那么似乎 A 餐厅更有价值。实际上，A 餐厅只能被称为一家"赚钱"的餐厅，没有实现盈利的 B 餐厅才称得上是一家"值钱"的餐厅。因为从资本的角度来看，B 餐厅能够以更低的成本实现快速扩张。

为什么在资本的眼中"赚钱"的公司缺乏价值？下面以 A 餐厅为例，对此加以分析。

1. "赚钱"的公司有哪些缺点

1）业务范围有限

在餐饮行业，消费者的口味往往具有较强的地域特征，如江南地区的人爱吃甜，川蜀地区的人爱吃辣等。A 餐厅迎合了当地消费者的口味，得以快速实现盈利。不过，迎合当地消费者的口味，意味着创新难度较高，这使 A 餐厅难以获得资本的青睐。

2）业务模式单一

A 餐厅之所以能够快速实现盈利，是因为拥有水平很高的厨师，A 餐厅的大多数业务围绕大厨展开。这意味着，一旦大厨离职，A 餐厅将不再具有竞争优势，容易陷入被动的局面。

"赚钱"的公司最大的缺点是缺乏前景，"值钱"的公司才是真正有价值的公司。"值钱"的公司往往具有两个优点，下面以 B 餐厅为例进行说明。

2. "值钱"的公司有哪些优点

1）产品的扩展性强

创业者在公司建立初期，可以将小范围内的用户作为目标用户，不过一定要立足于更长远的发展。例如，B 餐厅没有将目光局限于本市，而是从整个餐饮行业出发，制定了全新的服务流程和产品标准，并且将餐厅的经营范围扩大至全国。

2）公司业务具有可复制性

"值钱"的公司的业务模式是可复制的，在经营后期，随着公司业务范围的扩大，可复制的业务模式可以降低公司的边际成本。与此同时，公司可以在经营的过程中不断试错，持续完善业务标准，从而满足公司的扩张需求。例如，由于制定了全新的服务流程和产品标准，因此在经营的过程中，B 餐厅只需要根据实际情况进行完善，并且 B 餐厅的每一家分店都可以沿用这些流程和标准，无须重新研究、制定新的流程和标准。

1.1.2　只想着赚钱的公司很危险

公司要想崭露头角，一定要有创新之处。不过，新技术、新市场在发展初期往往不够稳定。在创立初期，如果公司将"尽早实现盈利"作为发展重心，那么既容易消磨自身优势，也容易给其他虎视眈眈的大公司抢占市场的机会。

不仅如此，在早期用户数量较少的情况下，希望尽早实现盈利的公司容易过度重视用户数据。这样不但得不到准确的市场信息，反而容易导致战略性规划失误。要想实现长久发展，公司需要重点提升管理能力，不断更新商业模式，完善公司治理方案，优化公司资本结构，从"机会导向型"公司转变为管理层次清晰、市场资源丰富的"战略导向型"公司。

将"尽早实现盈利"作为发展重心，虽然有助于快速实现盈利，但是公司无法从中获取更多的利润，容易陷入"不创新就无法吸引新用户，创新就容易失去老用户"的尴尬境地。有价值的公司的早期盈利状况或许不太理想，不过能够以更低的成本实现快速扩张，成功占据市场，进入稳步发展阶段。这使其可以比较轻松地得到资本市场的认可，从而吸引更多投资者。

1.1.3　资本和创始人的对弈

WeWork（2019 年更名为 The We Company）是一家专注于共享办公空间的公

司，其主营业务是将模块化的办公空间短租给小公司或自由职业者。由于这种租赁方式可以满足小公司的办公需求，因此 WeWork 在成立初期被视为极具价值的新兴公司。

后来，WeWork 的创始人亚当·诺依曼辞去 CEO（Chief Executive Officer，首席执行官）的职务，导致众多投资者对该公司的发展失去信心。新任 CEO 采取了裁员、放缓公司增长速度、专注于核心业务等措施，以期恢复投资者的信心。不过，《经济学人》杂志仍对 WeWork 表现出担忧："还有什么措施能阻止它走向破产的滑坡吗？"这也预示了 WeWork 的发展前景。

那么，究竟是什么因素导致这家盛极一时的共享办公空间公司破产倒闭呢？

1. 资本因素

随着市场的不断变化和投资者逐渐回归理性，资本不再无条件地倾向于新兴公司。此前，日本软银集团 CEO 孙正义十分看好共享办公空间的模式，对 WeWork 总计投资 107 亿美元。实际上，孙正义并不了解 WeWork 的经营情况。直到该公司宣布推迟上市，《华尔街日报》公开批评诺依曼，孙正义才幡然醒悟。

2. 创始人因素

一方面，互联网的快速发展让投资者看到了科技带来的无限商机；另一方面，新兴公司需要大量融资这一特点，往往会让投资者在一定程度上放松对创始人的警惕。某些漠视规则、公私不分的创始人，同样会导致公司的"死亡"。

在 WeWork 的募股文件中，投资者发现了很多疑点。例如，诺伊曼曾以极低的利率从公司贷款，在买下 4 座写字楼后，转手将它们租给公司，从中赚取租金；他还曾注册一系列与 WeWork 相关的商标，在担任 CEO 后，利用职权之便，斥巨资买下这些商标的使用权。诺依曼中饱私囊，不注重公司的经营、扩张，最终导致公司破产倒闭。

一方面，投资者对新兴公司的首次评估出现了失误，后期也没有持续跟进公司的经营状况。另一方面，投资者的盲目投资使创始人的欲望无限膨胀，滥用职权，将公司资产转移为个人资产。WeWork 的没落就是由以上两个因素导致的。

1.1.4　运用资本思维经营公司

创业者往往习惯于运用产品思维，投资者则更习惯于运用资本思维。要想让公司变得"值钱"，创业者必须学会运用资本思维经营公司。产品思维的逻辑是交易双方一手交钱，一手交货。当出现意外情况，买卖双方无法当面交易时，应该采取什么措施呢？

例如，在采购大量的基础机械设备时，交易周期长、交易金额大，可以采用先货后款或分期支付的方式。卖方向银行贷款，并将贷款利息转移给买方，这是卖方信贷模式。卖方采用这种模式，不仅资金周转速度可以加快，还可以从中获得更多的利润。反之，若买方在卖方交货前支付货款，则可获得预付期内的利息费用，这是买方信贷模式。将买方与卖方、货物与款项分开，就是运用资本思维解决问题。如果交易能够突破时空的限制，就会产生远距离贸易，从而推动经济发展。

产品思维主要通过整合资源来获得利润，资本思维则通过配置资源来获得利润。只有从产品思维转变为资本思维，公司才能创造更大的效益。

1.2 不可不知的资本逻辑

一提起"投资者"，人们可能会想到投资者的逐利性，认为投资者只能和公司同甘，却不能共苦。事实并非如此。随着资本市场越来越规范，公司与投资者的关系由"债权型"变为"股权型"。由于股权的制约，投资者往往是最关心公司利益的一方，因此，做好资本规划会对公司的发展很有帮助。

1.2.1 资本市场越来越规范

在市场经济时代，公司与投资者是"债权型"关系。当公司处于上行期时，投资者会主动给公司放贷。一旦公司遇到困难，投资者就会釜底抽薪，导致公司更加举步维艰。

随着资本经济时代的到来，公司与投资者的关系由"债权型"变为"股权型"。投资者将资金投资给公司，换取公司的股权。在公司经营困难时，投资者握有股权，必须与公司共度时艰；在公司效益高速增长时，投资者可以衡量利弊，适时退出。这种关系能够起到保障公司稳定和实现可持续发展的作用。

"独角兽"公司指的是成立时间不超过 10 年且估值超过 10 亿美元的新生态公司。在"债权型"关系时代，这些公司非常容易受到投资者的青睐。随着"债权型"关系时代的终结，在资本的加持下成长为"独角兽"的公司逐渐走下神坛。

共享单车一度是资本争相投资的项目。ofo 小黄车乘风而起，成为快速崛起的互联网公司，短短几个月就完成了多轮融资，累计金额超过数亿美元。由于资本大量涌入，ofo 小黄车没有考虑成本控制、长效化运营等问题，试图通过"烧钱"来扩大市场。

在缺少精细化管理和良性盈利模式的情况下，ofo 小黄车未能实现长久经营。短短几年，公司就陷入资金链断裂的窘迫境地。在创立初期得到过多的资本支持是 ofo 小黄车没落的主要原因。随着传统商业模式的转变，"独角兽"公司在失去资本的支持后逐渐走向衰败。

如今，投资者不再盲目投资处于扩张期的公司，他们更关注公司的盈利状况，更重视公司的运营思路。这导致许多"独角兽"公司长期徘徊在上市的边缘。

1.2.2　别担心，投资者并不可怕

如果创业者对公司未来的发展有信心，有把握通过引入资本获得更丰厚的收益，那么对创业者而言，投资者其实并不可怕。在确定投资关系后，某些投资者可能会处于弱势地位。他们对公司内部的详细信息不太了解，只了解公司整体的发展方向。

公司的决策者往往对公司的发展状况、行业的变化速度、团队的发展情况等最为了解。因此，决策者应该拥有控制公司股权的优先权。资本是一根杠杆，如果公司可以利用这根杠杆撬动更大的利润，投资者就无法控制公司的股权。

例如，某投资者用 4000 万元购买了 A 公司 20% 的股份。如果 A 公司的估值增长速度大于 20%，那么意味着 A 公司处于优势地位，A 公司的收益大于投资者的收益；如果 A 公司的估值增长速度小于 20%，那么意味着 A 公司亏损，该投资者处于优势地位。

如果公司的发展速度可以超越资本杠杆的撬动幅度，就可以利用资本的力量，实现进一步的发展。虽然创业者持有的股权会被资本稀释，但是通过控制售出股权的方式，依然可以维持控股地位。同时，资本带来的现金流不仅可以帮助公司扩张市场，还可以进一步扩大公司规模，从而获得数十倍甚至数百倍的收益。

如果创业者尚未明确公司未来的发展方向，那么接受投资者的投资是改变现状的较好方式。需要注意的是，盲目接受投资可能会使业绩跟不上资本的步伐，不但无法利用资本杠杆撬动更大的利润，反而可能导致控股权落入投资者手中，使公司沦落到被"吸干"股权的境地。

1.2.3 对资源进行规划很有必要

根据美国知名管理专家伯格·沃纳菲尔特的"资源基础论"，公司的资源通常可以分为核心资源和非核心资源。核心资源主要是指能够推动公司正常运转的、相对重要的资源，这种资源既可以是公司自有的，也可以通过共享、购买方式或从合作伙伴那里获得。

在资源利用层面，可以将"资本规划"视为在识别核心资源的基础上，发挥非核心资源的辅助作用，从而实现资源最优化组合的过程。在进行资源分析时，首先要明确公司的现有资源。在一般情况下，不同行业、不同商业模式需要的资源不同。为了明确现有资源，绝大多数公司可以按照以下 3 种类型盘点资源，如图 1-1 所示。

图 1-1　现有资源的 3 种类型

技术资源主要是指具备商业价值的技术和科技成果，如华为的 5G 技术、苹果的 iOS 系统、今日头条的智能推荐功能等。对于大多数公司来说，只要拥有了技术资源，就拥有了立身之本。

管理资源也可以被理解为管理者资源，管理者的能力会对员工的能力和公司的成长产生巨大影响。如果管理者具有创新能力、机遇把握能力、风险识别能力等，那么公司很有可能获得良好的发展。

人力资源是公司发展的推动力，高素质人才的获取和开发是公司实现可持续发展的关键。

技术资源、管理资源、人力资源是公司的核心资源，有助于形成公司的核心竞争力。公司需要以核心资源为基础进行资本规划。

1.3　资本青睐什么样的公司

不是所有的公司都能受到资本的青睐。本着"收益最大化"的原则，投资者在选择公司时，往往有自己的考量。在一般情况下，细分领域的领军者、拥有创新性和可复制性产品的公司、所处市场有现金流优势的公司比较容易受到资本的青睐。

1.3.1　细分领域的领军者

细分领域的领军者往往蕴含着极大的发展潜力。只要公司的经营方向是正确的、经营过程是良性的，公司的运营就是有价值的。例如，在各式各样的电商平台中，垂直电商平台蜜芽从"母婴"这一细分领域切入，受到了广泛关注，吸引了很多投资者向其抛出橄榄枝。

不同于其他电商平台采取全品类布局的战略，蜜芽将重心放在母婴领域，几乎没有涉及其他品类。此外，为了实现单品突破，蜜芽最初从"纸尿裤"这种高频次单品入手，凭借自身优质的服务和精美的包装，收获了众多宝妈的喜爱，成为她们的"好帮手"。

当母婴领域的市场尚未被充分挖掘时，宝妈往往很难通过合适的电商平台来满足自己的需求。在这样的大背景下，蜜芽横空出世，专为宝妈提供服务，很好地弥补了市场空白。正因如此，蜜芽被资本看好，完成了多轮融资。

在资本的助力下，蜜芽已经在海外很多国家设置了专门的国际采购团队和海外仓，在国内也有专门的保税仓。此外，蜜芽还与重庆渝新欧国际铁路达成了合作，开创了通过铁路向海外运输货物的先河，将母婴领域的电商业务做得风生水起。

对于大部分公司来说，能够成为某细分领域的第一已属不易，无法保证本公司一定能够成为全国第一，甚至全球第一。不过，在互联网迅速发展的今天，当某家公司成为某细分领域的第一时，往往已经在全国有了一定的知名度，因此更容易获得投资者的认可和投资。

1.3.2　拥有创新性和可复制性产品的公司

受到资本青睐的公司通常会研发具有创新性、差异性的产品。新兴公司要想占据市场份额，主要有两种方法。

一种方法是用其他专业技术生产替代产品。例如，柯达和富士在胶卷市场中"打"得难分难解，然而最终的胜利属于数码相机。数码相机方便、快捷，足以替代传统的胶卷相机，胶卷市场随之逐渐缩小。

另一种方法是跨行业进行多种联合创新。例如，微信刚刚出现时，其功能和同属于腾讯旗下的 QQ 几乎是完全重合的。发展至今，微信已经融合了社交、支付、通信、营销等多种功能。

除了拥有创新性的产品，公司还要使产品具备可复制性。传统公司大多依靠产品的不可复制性实现盈利，而不可复制的产品往往无法很好地适应市场规模的扩大。因此，公司需要设计可复制的产品，以便实现产品复制和规模扩张。

和府捞面成立仅 7 年就拥有了 300 多家分店，即使在新型冠状病毒肺炎疫情（简称"新冠肺炎疫情"）的影响下，仍然获得了 4.5 亿元的投资。在和府捞面迅速扩张的背后，是一套由时间把控的标准体系。后厨人员通过机器精准控制食物的出锅时间，保证不同分店的食物口感一致。

不只是做菜流程标准化，和府捞面的操作流程也实现了极致的标准化。由于餐饮行业的人员流动性较大，因此和府捞面为所有操作都制定了标准流程。通过这种方式，和府捞面可以最大限度地利用机器，减少对员工的依赖，确保服务人员的专业性。

公司要想获得巨大的市场，一方面要追求产品的创新性，提供创新性的产品可以增加公司被用户发现的概率；另一方面要增强产品的可复制性，只有将产品标准化、流程化，才能在公司的扩张过程中始终保证产品的质量。

1.3.3 所处市场有现金流优势的公司

如果公司在选择发展方向时重点关注拥有巨大现金流的市场，即用户心甘情愿付款的市场，将更容易获得资本的青睐。

随着科技的发展，未来市场的增长点会越来越多。在选择发展方向时，一定要选择拥有巨大现金流的市场，这样才能确保公司在完成市场开拓后尽快实现盈利，也更容易获得资金。

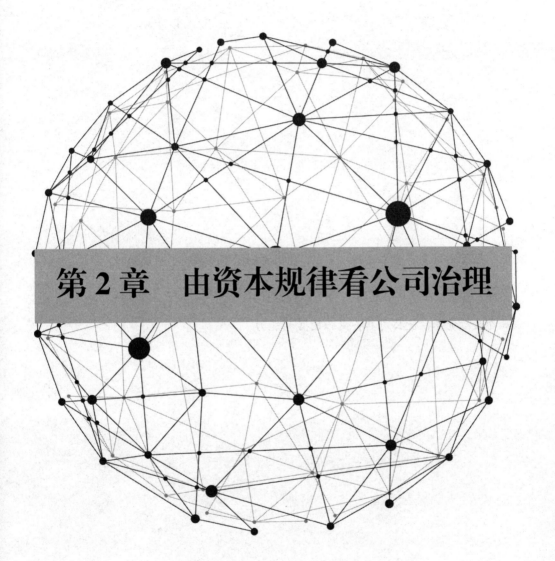

第 2 章　由资本规律看公司治理

经营公司要有资本思维。首先，我们要制定资本战略，明确治理方向；其次，进行顶层设计，梳理团队的目标和职能；最后，利用投融资盘活资本，使公司具备更强的盈利能力。

2.1　制定资本战略，明确治理方向

成功的资本战略是公司的发展方向和指路明灯。创业者应管理公司资本，制定发展战略，思路清晰地走好公司发展的每一步。

2.1.1　整合资本，实现公司价值最大化

公司的资本通常包括货币资本、实物资本、无形资本。其中，货币资本主要包括现金、应收账款、股票、债券等，实物资本主要包括产品、原料、机械设备、办公场地等。这两部分资本的回报率较低，通常仅占总回报率的 30%，其余 70% 的回报率往往是由无形资本带来的，如知识产权（包括专利、商标等）、人才、用户数据。

资本能否增长与公司的经营、管理方式息息相关。我们要努力实现经营和管理效率最大化，从而实现公司价值最大化。实现公司价值最大化主要有以下几种方法。

1. 增强可持续发展能力

从财务管理的角度来看，可持续发展能力通常体现在公司的核心竞争力、风险抵御能力、资产管理能力 3 个方面。其中，最关键且最容易提升的是公司的核心竞争力，其通常会被公司的生产技术、营业额、市场占有率和用户需求等因素影响。

在资本运营的过程中，风险与收益常常是并存的，增加盈利意味着必须承担相应的风险。这要求我们提升公司的风险抵御能力和资产管理能力，在提高资源使用效率的同时，实现风险与收益的平衡，使公司持续、稳定地发展，最终实现公司价值最大化。

2. 扩大现金流

通过科学的投资，可以使公司的资金高效运作，从而提升公司的效益，同时降低偿债负担和投资风险。除此之外，拓宽产品销售渠道、提高主营业务利润率、降低产品成本费用、优化股利分配方案等都可以扩大公司的现金流，实现公司价值最大化。

3. 优化资本结构

优化资本结构的实质是降低资本的加权平均成本。资本的加权平均成本指的是对不同资本进行加权平均计算后得出的平均成本。发展融资租赁、变卖资产融资、债券筹资等方式可以帮助公司降低资本的加权平均成本，有效优化资本结构，实现公司价值最大化。

4. 优化治理机制

治理机制是指对公司的经营情况进行监督和管理的制度，广义的治理机制还包括公司的组织方式、财务机制、激励机制、代理机制等。优化公司的治理机制，要求我们聘用专业人才，建立科学的公司制度，定期对公司的管理人员进行业绩考核。治理机制的优化可以完善公司的经营模式，提高公司的运作效率，间接实现公司价值最大化。

2.1.2　不断加大产品研发投入

2021 年 4 月，养元饮品发布了 2021 年第一季度财报。财报显示，其营业收入和净利润等均实现大幅增长。作为国内植物蛋白饮品行业的佼佼者，养元饮品在打造了"六个核桃"品牌后，依然重金投入产品研发，不断推出高质量单品，持续对市场布局加码。

养元饮品 2021 年第一季度财报显示，其营业收入达 22.36 亿元，净利润达 7.38 亿元，同比增长约 40.42%。养元饮品 2021 年第一季度财报与 2020 年第一季度财报对比如表 2-1 所示。

表 2-1　养元饮品 2021 年第一季度财报与 2020 年第一季度财报对比

项目	年初至报告期末	上年初至上年报告期末	比上年同期增减（%）
营业收入（元）	2 236 611 030.40	1 277 740 050.58	75.04
归属于上市公司股东的净利润（元）	738 551 291.38	525 961 963.15	40.42
归属于上市公司股东的扣除非经常性损益的净利润（元）	648 261 207.52	398 115 530.69	62.83
加权平均净资产收益率（%）	6.05	4.15	增加 1.9 个百分点
基本每股收益（元/股）	0.583 6	0.415 6	40.42

养元饮品与北京工商大学联合成立"中国核桃产业研究院"，推出新品"六个核桃 2430"。"六个核桃 2430"项目组基于中国疾病预防控制中心营养与健康所《补充核桃对学生记忆作用的随机双盲对照研究》的研究报告结论，即连续 30 天食用含有 24g 核桃仁的核桃乳饮品，可显著提升记忆力，经过精心研发，成功实

现产品化。在经历了"全核桃 CET 冷萃"和"五重细化研磨"工艺后，该产品的口感和营养得到进一步升级。

养元饮品很早就成立了博士后科研工作站，重金投入产品研发。养元饮品表示，将进一步扩展植物蛋白饮品品类，计划推出高蛋白、零胆固醇、零乳糖的"每日养元植物奶"，持续加码市场布局。作为实现资本战略优化的关键措施，加大产品研发投入可以增强产品的市场竞争力，从而实现公司复合增长率的提高。

对公司而言，决定其行业地位的最关键因素就是产品，所有的研发投入最终都要在产品上得到体现。因此，公司应重视产品研发，更高效地实现公司的可持续发展。

2.1.3 制定中长期战略，打造"利益共同体"

股权激励可以使员工的利益与公司的利益趋于一致，快速形成"利益共同体"。这样做可以对员工产生较好的激励和约束作用，有效预防损害公司整体利益的行为，推动资本裂变。

华为是国内较早实现员工全员持股的公司之一。在创办初期，华为经常出现融资困难的问题。于是，管理层实施了员工持股计划，利用内部员工持股的方式进行融资。随着公司的蓬勃发展，华为逐渐将员工持有的股票转化为虚拟受限股。不仅如此，华为内部还会选举持股员工代表，选举出来的员工会代表全体持股员工参与公司事务的管理。

员工持股计划将华为的发展与员工的个人价值有机结合，由此形成的"利益共同体"推动了公司资本的裂变，帮助华为手机成为世界知名的手机品牌。

除了创造经济效益，员工持股还能创造巨大的社会效益。其作用主要体现在以下几个方面。

1. 构建新型劳资关系

劳资关系也被称为雇佣关系，即劳动者与资本所有者的关系。员工持股计划使员工同时拥有"劳动者"和"资本所有者"两种身份，这样不仅可以激发员工的工作热情，还可以有效缓和劳资矛盾，构建新型劳资关系。

2. 完善公司治理结构

员工持股可以在一定程度上改变公司的股东构成，持股员工代表有机会以公司股东的身份参与公司决策。这会使公司的治理模式更加切实可行，从而推动公司治理结构进一步完善。

3. 提升公司的市场竞争力

随着员工持股计划的实施，员工与公司风险共担、利益共享的"利益共同体"逐渐形成。这样不但有利于提高员工的工作积极性、增强公司的凝聚力，而且有利于实现公司的内部成长，进一步增强公司的市场竞争力。

员工持股有利于提高公司的经营效率，增强公司的盈利能力。如今，随着相关法律、法规的完善，不少上市公司正在实施员工持股计划。在实施员工持股计划时，不仅要严格合法、合规，还要积极总结经验，及时进行动态调整，让员工在公司的发展过程中发挥更大的作用，实现经济效益和社会效益的全方位提升。

2.2 顶层设计，"增值"或"减值"只在一念之间

资本思维应当贯穿于公司治理的每一个层面，包括目标层、执行层、后方支撑层。公司的价值与公司运转的效率密切相关，只有各部门紧密衔接、高效工作，才能不断提升公司的价值。

2.2.1 目标层：定位+团队搭建和调度

目标层管理需要将公司的整体目标逐级分解，转换为各部门、各员工的具体目标，在这个过程中，公司可以形成协调、统一的体系。实施目标层管理，不仅有利于推动员工更加积极向上地高效工作，还可以为后续的资本版图打好基础，使各项业务更加科学化、规范化。

在进行目标层设计前，首先要明确公司的战略定位，挖掘公司最独特的价值。资源是公司选择战略、实施战略的重要基础，分析公司的现有资源，不仅有利于制定科学合理的战略，还有利于挖掘公司最独特的价值。我们可以根据如表 2-2 所示的优势检测表中的问题，更加直观地发现公司的优势。

表 2-2　优势检测表

关键词	问题	是	否
经验	在以往的发展经历中，公司是否积累了丰富的经验		
优势	公司是否具备一项或多项比较独特的优势		
资金	公司是否具备启动资金，是否可以获取足够的资金		
机会	公司是否已经发现了当前市场的空白和用户的痛点		
热情	员工是否具有热情和渴望，面对某些工作、业务是否会激动不已		
抗压	员工是否具有高强度工作和直面困难的心理准备		

在现代化管理中，"可视化"逐渐成为一种越来越重要的特征。行程看板是实现可视化的重要方式。通过行程看板管理团队，可以了解团队中每一位员工的工作情况，实现人尽其才、物尽其用。

在使用行程看板进行团队管理时，需要注意以下几个方面。

（1）在建立行程看板时，必须充分发挥可视化的作用。行程看板应布局合理、设计醒目，并被放置在非常显眼的位置。

（2）在使用行程看板前，应思考如何规避可能出现的问题，以及在出现问题后如何整改。

（3）行程看板应及时反馈员工的目标实现情况。

如果公司条件允许，那么可以用行程看板的方式把团队中每一位员工的目标和目标实现情况展示出来，并且把行程看板摆在非常显眼的地方，让所有员工都可以看到。对于业绩好的员工来说，行程看板可以增强他们的信心，促使他们继续保持业绩；对于业绩不好的员工来说，行程看板可以对他们施加一定的压力，推动他们不断进步。

2.2.2 执行层：组织架构+职能设计

在现代化管理中，组织架构占据着非常关键的地位，足以影响公司的整体效率和发展方向。做事情讲究流程完整、步骤明确，设置组织架构也不例外。在设置组织架构时，我们可以使用"5 步法"，它包括战略对接、选择类型、划分部门、划分职能、确定层级 5 个步骤。

（1）组织架构的设置应以战略为导向。基于战略设置的组织架构更加科学，资源分配和发展方向也更加合理。只有战略与组织架构高度契合，公司的发展才不会偏离轨道，管理层只需要关注目标是否实现，员工也不容易产生过度膨胀的欲望。

（2）设置组织架构的第二步是选择类型，即采用直线型、职能型组织架构，还是采用矩阵型、事业部型、区域型组织架构。在选择类型时，必须以战略和公司管理方式等因素为基础。不同发展阶段需要的组织架构不同，公司应根据实际情况进行选择。

（3）在选择好类型以后，应该进行部门划分。在具体操作时，我们可以先把职能相近或联系度较高的部门划分在一起，然后指派能力较强的管理者进行管理。

（4）公司应根据所选择的组织架构类型，建立相应的职能部门。在公司中，每个部门都有自己的职能，需要承担相应的责任和义务。公司不同，每个部门的职能有所不同。职能划分越具体，岗位设置越合理，员工的工作内容就越明确。

（5）在一般情况下，公司的层级应该包括决策层、管理层、执行层、操作层。要想确定合理的层级，除了考虑公司的职能划分，还应该制定有效的管理制度。

同时，各层级之间应该自上而下地行使管理和监督的权力。

职能指的是某个岗位需要完成的工作和应该承担的责任，也可以将其视为职务和能力的统一。在进行职能设计时，我们可以采用下行法或上行法。

下行法是从组织战略出发，以流程为依托进行职责划分的方法。简单来说，下行法是公司通过对战略进行分解，确认各个岗位的职责，赋予各个岗位相应权限的方法。该方法的重点是职责描述，即说明员工肩负的职责和需要达成的工作结果，职责描述可以表示为"做什么+结果"。

上行法需要公司从工作要素出发，对当前的基础性工作进行归类，形成任务，最终形成职责描述。具体来说，首先，对任务进行罗列，明确必须执行的任务；其次，对每一项任务的内容进行总结；再次，确定每一项任务的目的或目标；然后，对任务进行分析、合并，完成对任务的分类；最后，用简单的语言描述各个岗位的主要职责。

在执行任务时，除了重视组织架构和职能设计，还应重视授权。需要注意的是，授权要以合理分工为基础。这要求我们综合评估团队中每一位员工的业务能力和职业素质，并根据每一位员工的特点，把最合适的工作交给相应的员工，充分发挥每一位员工的潜力。把职权交给有能力的员工，不仅可以帮助员工快速成长，还能提高整个团队的执行效率。

2.2.3　后方支撑层：业务流程+管控模式

业务流程化可以最大限度地提高员工的工作效率，合理的管控模式可以有效避免制度执行不到位的现象，督促全体员工遵循同一行事原则，减少管理层的决策压力，提高管理效率。

在进行业务流程设计时，首先，我们可以用流程图将业务的范围呈现出来。

然后，我们要根据市场需求、实践结果、公司目标等对流程进行调整。如果我们需要针对采购部门进行业务设计，那么可以将采购业务系统分为订单管理、库存管理、物流作业 3 个系统，并对创建订单、锁定库存等基础流程进行总结，如图 2-1 所示。

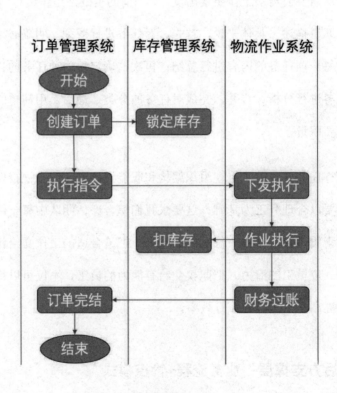

图 2-1　采购业务系统

最后，我们可以从顶层开始，逐层分解流程。当然，不是所有流程都可以细化为更低层次的流程的，如"创建订单"可以细化为"价格核对""库存检查"等流程，"锁定库存"则没有进一步拆分的必要。

在业务流程设计完毕后，相应的管控模式也要尽快落实。在公司运作的过程中，很容易出现制度执行不到位的情况。尤其是规模较小的公司，人际关系简单，对员工的管理通常比公司制度规定的宽松得多。长此以往，业务流程的推行会变得非常困难，不利于公司进一步发展。我们可以通过以下步骤建立管控模式。

首先，明确管控模式的目标框架。公司的定位、经营重点、战略目标、多元化程度等因素，共同决定着公司的管控模式。我们需要对公司的资金、资源、人才、技术等有一个整体认知，并据此确定公司的基础模式。

其次，梳理各部门的职能要求。基础模式可以作为确定各部门职能要求的依据，之后，我们需要审视基础模式，分析在各部门充分完成各自职能要求的情况下，能否利用基础模式促进公司实现战略目标。

最后，对管控模式进行调整。我们应修改管控模式中可能阻碍公司发展的部分，保留对公司发展有利的部分。在进行调整后，管控模式会与公司更加契合。经过多次调整后，我们便可以确定高效的管控模式。

2.3　投融资助力公司盘活资本

投资和融资是公司经营运作的两种重要方式，它们的目的是壮大公司的实力，创造更大的效益。它们可以使公司的资产更有价值，帮助公司实现持续盈利。

2.3.1 投资：重视资源配置和管理

投资的显著价值是对资源的配置和管理。社会能否进步、公司能否向前发展、人们的生活质量能否改善，都在一定程度上取决于资源能否以合理、高效的方式得到配置和管理，得到最大化利用。投资的本质是优化资源配置、加强资源管理，把合适的资源集中到有能力的人手中，实现对生产和生活的持续推动。

投资者看重回报，往往倾向于投资有自我"造血"能力的公司。高回报通常来源于高质量的产品和服务。我们在日常生活中使用的产品和服务，几乎都是投资的产物，几乎都受惠于资本，如谷歌、百度、苹果、微软、新能源汽车等，甚至一度陷入停滞状态的宇宙探索进程。

历史的车轮滚滚向前，技术应用的边界不断延伸。从半导体到互联网，从有线电话到智能手机，从蒸汽汽车到电动汽车，从感冒药到流感疫苗，技术应用推动着人们生活的方方面面向前发展。

美国风险投资协会的数据显示，在1974—2021年上市的1400多家公司中，大约43%的公司得到了投资。此外，在2020年，美国风险投资基金向9000多家公司注入了资金，平均每天有近25家公司获得总计3.87亿美元的投资。这意味着投资者正在用自己的方式和逻辑，把更多的资源配置给高质量的公司，进而使这些公司推动时代发展。

优秀的投资者应该正确认识投资的价值，以推动学术理论和先进技术的落地应用为目的进行投资。当然，有一些投资者为了逐利而投资，这是无可厚非的。

2.3.2 融资：筹集更多资本

央视曾这样形容创业时代："在信息爆炸的当下，无数涌动的资本和激情的个体在不停地碰撞、交融、升华、分离，在咖啡里，在屏幕后，在网络中，这是所有创业者投身创造的最好时代。"在中关村创业大街上，每天都有很多梦想升起，也有很多梦想落下。

中关村创业大街只是投融资圈的一个缩影。创业者在创立项目时需要融资，在公司进一步发展时也需要融资，在公司扩大规模时仍然需要融资，融资伴随着公司发展的全过程。对于创业者来说，把握融资节奏，了解融资流程和相关注意事项是非常重要的。

融资是一个复杂、艰难、漫长的过程。由于缺乏融资经验，很多创业者在这个过程中无法大展拳脚，畏首畏尾，反而错过了很多机会，甚至一些创业者因为不了解融资条款，与投资者签订了"不平等条约"，蒙受了巨大的损失。因此，在融资前，创业者应该学习必要的融资知识，增加谈判筹码，提高投资者对公司的信任程度，以便为公司筹集更多资本。

第 3 章　构建资本运营体系

进行资本运营必须要有体系化思维。首先，我们要擦亮双眼，警惕利益的陷阱；其次，了解现金流的意义；最后，深化对资本运营的认知，更好地发挥资本运营的作用。

3.1　资本运营要警惕三大陷阱

在进行资本运营之前，公司要格外警惕三大陷阱，分别是盲目实施多元化战略，混淆"规模经济"和"经济规模"的概念，试图用套利模式增加资本。

3.1.1　盲目实施多元化战略

如今，"多元化"已经不再是一个新概念。在谈及资本运营时，一些公司计划实施多元化战略。许多创业者相信，多元化战略是一种完善的战略模式，它可以帮助公司分散风险、增加盈利、扩张业务，提高资本使用率和资本规划的成功率。

多元化战略的好处确实不少。然而，在实施多元化战略后，一些公司的盈利能力不但没有提升，反而大幅下降。虽然创业者对公司的产品、人事、结构、市场等方面进行了整合，但是资源短缺、投资膨胀等问题日益明显，经济效益随着业务的扩张而递减。

实践证明，要想成功实施多元化战略，必须思考以下几个问题。

1. 公司本身的优势

认清公司在技术、销售、经营、管理等方面的优势，有益于对公司未来的发展方向进行规划。我们可以对照扩展计划，依次明确公司当前的路线、公司的发展趋势、公司的阶段目标，这也是资本规划的主旨。

2. 协同增益问题

协同增益问题指的是公司在整合新旧业务后，两项业务能否协同作用，从而产生更大的效益。对于这个问题，我们可以通过填补缺口的方法来解决，这意味着新业务必须有效填补产品线、销售、市场、竞争、管理、人才等缺口中的至少一个缺口。

3. 留意是否扩展过度

在资本运营的过程中，急速扩展和扩展过度会导致公司"消化不良"，甚至陷入资产膨胀的误区。实际上，公司资产的膨胀并不意味着公司规模即将扩大、经营业绩即将提升，或者公司的经济实力即将增强。在出现资产膨胀问题后，公司往往会进入经济增长的停滞期。

4. 适当的监控管理

在公司因实施多元化战略出现经营问题后，我们可以通过改变公司的运行制度来解决这个问题。在日常经营中，除了突出公司董事会和监事会的作用，还可以引入会计师事务所等独立机构，对公司进行全方位监管，避免公司因实施多元化战略而陷入经营困境。

3.1.2 混淆"规模经济"和"经济规模"的概念

规模经济的本质是在公司达到一定规模后，产生"1+1＞2"的效应，从而创造更大的经济效益。这种经济现象与公司的实际规模无关，只要一家公司的收益随着成本的降低而递增，就可以说这家公司形成了规模经济。

经济规模是指公司经济的总量，它与成本、收益并无联系。经济规模的扩大既可能是因为公司形成了规模经济，也可能与规模经济无关。

创业者在进行资本运营时，很容易混淆"规模经济"和"经济规模"这两个概念。例如，一些创业者认为，只要联合几家独立的公司，就可以形成规模经济；再如，把"规模"绝对化，把公司规模的扩大视为初步形成了规模经济，或者认为公司规模的扩大势必可以带动规模经济的形成；又如，把规模经济视为大公司特有的经济现象。

生产规模扩大的目标是提高效率和效益，而不是形成规模经济。公司的规模不是越大越好，在进行资本规划时，不能舍本逐末。当公司达到一定规模后，持续进行规模扩张，不但不会持续降低成本，反而可能出现成本回升的情况。

还有一些创业者认为，只要公司规模扩大或市场占比提升，盈利问题就能迎刃而解。实际上，规模扩大并不是万能的。例如，某著名咖啡品牌的经营范围覆盖全国，累计开设了六七百家分店。然而，该咖啡品牌的盈利问题仍未得到解决，最终迫不得已申请了破产保护。

过分追求多元化经营也是盲目扩张规模的表现之一，同样容易造成决策失误。在进行资本规划时，盲目兼并和收购通常会导致公司的分支机构增加，形成各不相干的"多元化"经营模式。管理链条被拉长，管理难度随之提高。在这种情况下，管理层的决策失误很可能会增加公司支柱业务的负担。

3.1.3　试图用套利模式增加资本

套利又被称为价差交易，指的是在不同市场中，以有利的价格买进或卖出，从中赚取差价的行为。通俗地说，套利就是"低买高卖"。

在国际贸易活动中存在一些信用风险，如买方担心付款后收不到货物，卖方担心货物发出后收不到货款等。在这些情况下，银行会用信用证为买卖双方进行信用担保。下面以铜融资为例，简述"无风险套利"的流程，如图 3-1 所示。

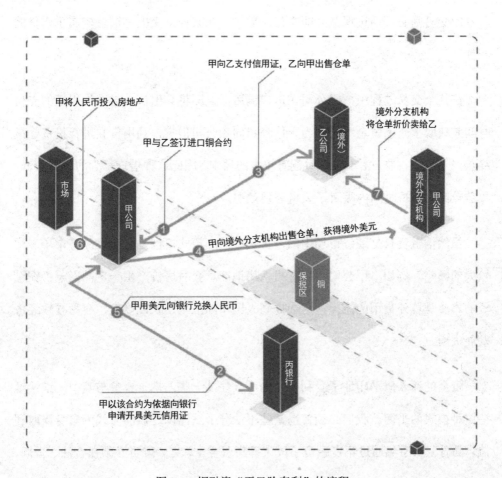

图 3-1　铜融资"无风险套利"的流程

甲公司向境外的乙公司采购铜，并签订进口铜合约。这时，甲公司可以凭借该合约向银行申请开具信用证。在甲公司向乙公司支付信用证后，乙公司将仓单出售给甲公司，甲公司可以凭借这张仓单提取相应的铜。实际上，甲公司并不需要铜，它可以先将这张仓单出售给自己在境外设立的分支机构，再由该分支机构将这张仓单折价卖给乙公司。

乙公司先以正常价格将铜出售给甲公司，再从甲公司的分支机构折价买回，在这个过程中便产生了利差。前者的交易以信用证为交易凭证，可以延迟支付，后者的交易则必须通过现金立即支付。因此，在某种意义上，铜融资属于借贷的一种。

在整个交易过程中，甲公司在进口铜后，立即将其出口，借助信用证的支付时间差获取了一笔资金。这相当于甲公司向乙公司借贷，利用贷款进行投资，最终获得一定的收益。由于市场对铜有较大的需求，因此这种借贷行为的风险较低、收益较高，在短时间内吸引了大量公司效仿。

虽然铜融资只是经济市场中的一种资金流动模式，但是它会对经济市场产生较大的影响。例如，甲公司将资金投入房地产，会对房价产生一定的影响；铜融资的本质是境外货币的流入，这会提高人民币的汇率，长此以往，容易导致经济发展失衡。

资金的涌入似乎印证了套利模式的可行性，一些人携资金参与其中，继续维持这种模式的平衡。我们必须警惕某些不法分子试图以违规的方式为自身谋取利益，同时坚决避免通过不良融资手段来筹集资金。总之，融资必须在合法、合规、合理的前提下进行。

3.2　资本运营离不开现金流

现金流对资本运营至关重要。一些公司虽然资产价值很高，但是缺乏流动资金。这样的公司在经济市场中难以掌握主动权，面对外界的风吹草动，一着不慎，便会满盘皆输。

3.2.1　现金流究竟有多重要

一家虽未实现盈利，但拥有较大现金流的公司，可以维持经营；一家盈利能力虽强，但现金流断裂的公司，不日便会破产。现金流对公司发展至关重要，一些公司的盈利能力虽然很强，但是应对意外事件的流动资金不足，最终被迫破产。

流动能够带来旺盛的活力，对于资金来说也是如此，可以随时支配的资金具有更大的价值。

关于现金流的本质，有这样一则故事。一位富翁十分珍爱自己的财富，他将一大袋黄金埋在石头下，每隔几天便会来看一看、摸一摸他心爱的黄金。有一天，一个小偷尾随富翁来到石头附近，在富翁离开后把这袋黄金偷走了。富翁发觉黄金被偷，伤心欲绝。正巧一位长者途经此地，了解事情缘由后，长者告诉富翁自己可以找回黄金。随后，长者蘸着金色油漆，将这块石头涂成金色，在上面写下"一千两黄金"。写完后，长者告诉富翁，从今天起，他可以继续来这里看自己的

"黄金"，并且不用担心"黄金"被偷走。

故事中的长者一语道破了现金流的本质，即如果不加以利用，那么黄金和石头并无区别。公司的经营也是如此，固定资产的价值回收较慢、维护费用较高，导致公司收益直线下降。在遭遇金融危机时，固定资产更容易大幅减值。

资金只有在流动中才能产生价值，流动是指交易、投资等经济活动。让公司的资金流动起来，实际上是把资金投入高价值的领域，使其产生更大的价值。

3.2.2 平衡现金流与债务的关系

在经营过程中，公司难免会申请借贷。因为要求用现金支付的债务占比往往较大，所以我们需要时刻关注公司的现金流情况。设置现金流余额预警、预测项目现金流、调节付款账期等手段，可以帮助公司更好地平衡现金流与债务的关系。

当公司背负的债务过多，甚至远高于现金流时，极有可能导致现金流断裂，公司也就离破产不远了。对于这种情况，公司需要进行债务管理，整合各类债务，从而减轻债务压力，使债务低于现金流。

整合债务指的是根据公司的需求，将不同利率、期限、额度的债务整合到一笔债务中。整合债务不仅可以减轻公司的债务管理负担，还可以有效降低还债利息、缩短还债期限、增加可支配收入，从而减轻公司的债务压力。

需要注意的是，整合债务的目的是偿还债务，而非二次借贷。如果没有进行科学规划，那么公司很可能面临严重的债务风险。负债是一把双刃剑，在成功使债务低于现金流后，应该及时调整公司的发展方向，防止债务再度增加。

3.2.3　现金流预测：了解项目可行性

优质的公司需要正向的现金流，即项目收入大于或等于项目支出。我们需要对项目进行现金流预测，并将预测结果作为项目可行性的重要考核指标。

例如，某项目在运行初期需要投入 100 万元购买相关设备。在项目运行的 10 年间，每年的净利润为 10 万元。在项目运行 10 年后，转卖设备可获得 50 万元。

从表面上看，该项目在运行 10 年后可以获利 50 万元。实际上，对该项目进行收益分析，我们会发现该项目并不值得投资。在不考虑经营风险的情况下，该项目的现金流在折现后低于 50 万元，收益率不到 50%。

现金流预测不仅有助于判断项目的盈利情况，还可以帮助我们提前发现财务危机，及时采取措施消除不良影响。现金流预测不只是财务人员的工作，我们可以设计简单的现金流预测表，对项目甚至整个公司的运作进行预测和记录。

在初次设计现金流预测表时，可能会花费一两个小时的时间。在设计完毕后，我们需要每周或每月记录项目的实际运行情况，检验现金流预测是否准确，并进行下一个周期的预测。我们既可以使用特定的现金流预测表模板，也可以自己设计一份简单的现金流预测表。

现金流预测表如表 3-1 所示。

表 3-1　现金流预测表

| | 现金流预测表 | | | | | | | | | | | | | | | | | | | | | |
| | 2月 | | 3月 | | 4月 | | 5月 | | 6月 | | 7月 | | 8月 | | 9月 | | 10月 | | 11月 | | 12月 | |
	预测	实际	预测	实际	预测	实际	预测	实际	预测	实际	预测	实际	预测	实际	预测	实际	预测	实际	预测	实际	预测	实际
收入																						
项目1																						
项目2																						
项目3																						
项目4																						
项目5																						
合计																						
支出																						
项目1																						
项目2																						
项目3																						
项目4																						
项目5																						
合计																						
收入-支出																						
银行期初结余																						
银行期末结余																						

现金流预测表能够直观展现公司的营业收入情况，帮助我们全方位地监测公司的经营状况。当公司遇到重大财务事件时（如主要供应商要求提前付款，主要用户申请延迟付款等），我们可以清晰地了解这些事件会对公司资金产生怎样的影响，从而采取相应的措施。

在进行现金流预测时，除了充分考虑项目时长、市场前景、潜在风险等因素，我们还需要重点关注以下几点。

1. 区分相关成本和非相关成本

相关成本与项目运行直接相关，必须在分析评价中有所体现。非相关成本不会直接对项目运行产生影响，往往是项目的过去成本、沉没成本等。在对同一个项目进行二次预测时，曾经被计算的费用属于非相关成本。如果将非相关成本计入总成本，那么项目的盈利能力将被低估，我们可能因此制定错误的决策。

2. 不要忽视机会成本

机会成本与传统意义上的成本不同，它不是一种支出，而是需要放弃的潜在收益。在进行现金流预测时，我们应该充分考虑机会成本，选择可以产生最大效益的项目。

3. 充分考虑对其他项目和公司资金的影响

营运资金会在项目投入运行后自动产生，如随着产品库存的增加，应收款和应付款会相应增加，两者的差额就是项目所需的营运资金。在进行现金流预测时，我们应该充分考虑项目的资金占用情况和相应的成本，平衡整个公司的效益。

现金流是公司业务规模、盈利情况、获现能力等经营实力的体现，我们应该充分发挥现金流预测表的作用，为公司确定最合适的发展方向。

3.3　升级资本运营体系

如何升级现有的资本运营体系，让资本更好地发挥作用呢？我们需要分析现有资源，识别核心能力；守住底线，消除法律隐患；抓住时机，互换品牌和资本；巧妙利用金融杠杆。

3.3.1　分析现有资源，识别核心能力

在资本运营的过程中，管理层需要将公司的未来发展与公司的核心能力有机

结合，以便增强公司的核心竞争力，更好地发挥资本运营的作用。此外，管理层还要做好资源的识别和分析，确定公司的优势和劣势，具体可以从以下 3 个方面进行。

1. 对资源的单项识别和分析

从公司的角度来看，资源可分为实物资源、财务资源、人力资源、无形资产等，无形资产通常是重点资源。对资源进行辨识、确认是判断公司战略能力的基础。通过对资源的单项识别和分析，我们可以确认"公司有什么"。

2. 对资源的均衡识别和分析

根据协同理论，对资源进行合理配置有助于公司增强战略能力。对资源进行均衡识别和分析，应该从产品组合、员工能力特性等多个方面入手，这样可以提高结果的准确性和科学性。通过对资源的均衡识别和分析，我们可以确认"公司虽然没有什么，但是能整合什么"。

3. 对资源的区域识别和分析

公司需要控制特定区域内的资源，在特定区域内高效合作的供应商、分销商和用户之间的价值链，是公司战略能力的基石。如果公司在特定区域内形成了资源优势，就可以进一步增强竞争力。通过对资源的区域识别和分析，我们可以确认"资源最终在哪里落地"。

通过对公司资源的分析和整合，我们可以识别公司的核心能力。在这之后，我们就能更有针对性地进行资本规划，更好地发挥公司的竞争优势了。

3.3.2　守住底线，消除法律隐患

即使已经万分小心，公司仍然可能存在法律隐患。在进行资本运营时，我们一定要严格遵守法律的规定，妄图越过法律红线实现盈利的公司必将受到法律的严惩。

公司可能存在的法律隐患主要体现在以下几个方面。

1．协议

在公司经营的过程中，最常见、最基本的法律文本是协议。公司很容易因为协议方面的隐患产生法律纠纷，如签订协议的主体之间产生的纠纷，因协议内容不准确、不完善产生的纠纷，双方在履行协议的过程中产生的纠纷等。

2．公司成立或解散

如果公司在成立时存在不合法规的现象（如资本抽逃等），那么将严重影响公司的顺利经营，为公司埋下法律隐患。公司正式成立后，在经营的过程中也很容易发生内部纠纷，影响公司收益，严重者可能导致公司破产清算。

3．公司内部

《中华人民共和国民法典》中增加了许多新的纠纷类型，如股东间的股权问题，公司对股东或经营管理人员提起的诉讼等。近几年，公司内部纠纷愈演愈烈，已经成为公司法律隐患中的重点。

4. 公司改制、兼并和投融资

在公司改制中出现频率较高的一种情况是，参与改制的双方对改制问题意见不统一，进而产生纠纷。另一种情况是在改制的过程中产生民事纠纷，简单来讲就是一般民商事案件中的一方当事人发生了改制行为，涉及改制前的债权、债务究竟由谁来主张或承担的问题。此外，公司在对外投资、融资的过程中也容易产生纠纷。

5. 税务

某些缺乏完善的管理制度或未被强力监管的公司可能会在账目上做手脚，妄图偷税、漏税。一旦被发现，这些公司就会面临法律的制裁。

以上法律隐患或多或少会对公司的经营、发展、盈利产生影响。我们应该增强法律意识，在进行资本规划时采取积极措施，努力将法律隐患扼杀在萌芽之中。不触碰法律红线是每一个创业者都应该坚守的底线，只有守住这条底线，公司才能借助资本的力量发展壮大。

3.3.3 抓住时机，互换品牌和资本

在某种程度上，品牌和资本可以相互转换，我们应该高度重视它们与资本规划的关系。在资本运营的过程中，我们要综合考量公司的经济实力和品牌的竞争优势，把每一笔资金都落到实处，实现公司效益最大化。

　　麦当劳是一家国际快餐巨头公司，其经济实力和品牌优势毋庸置疑。在这个基础上，麦当劳从地理、人口、心理等维度入手，瞄准目标用户群体的需求，根据不同地区的用户偏好研发新品。这些产品更符合当地用户的口味，得到了用户的广泛好评，进一步巩固了麦当劳的品牌优势。

　　根据不同的生活方式，快餐市场通常可以分为方便型和休闲型。针对方便型快餐市场，麦当劳推出了"59 秒快速服务"，即从用户开始点餐到拿到食品离开柜台的标准时间不超过 1 分钟；针对休闲型快餐市场，麦当劳不惜重金布置、装修餐厅，力求为用户提供最舒适的用餐环境。

　　不仅如此，麦当劳还根据年龄、性别、收入、职业、教育等因素，对市场进行进一步划分。例如，麦当劳将不满 20 岁的人群视为核心用户，同时将儿童视为主要目标用户，通过专门设置儿童套餐、随餐附赠玩具，以及向儿童发放印有麦当劳标志的气球等方式，培养他们的消费忠诚度。

　　在打造安全、舒适的工作环境方面，谷歌堪称全球商界的典范。谷歌不惜花费大量资金建设、优化办公场所，为员工提供舒适的工作环境。谷歌不仅斥资 3.19 亿美元购买了建设总部的土地，还对总部进行了大规模扩建。其办公楼采用人性化的装修方式，每一位新员工都可以获得 100 美元，用来装饰自己的办公室。

　　谷歌的快速扩增与其自由、人性化的工作环境有很大的关系。自由的办公模式和畅所欲言的环境，不仅能提高员工的工作效率，还能激发他们的创意。一旦产生新的创意，员工之间可以迅速交流，并将创意投入实际应用。

　　通过以上两个案例，我们不难看出，充分考量公司的经济实力和品牌优势，可以最大限度地发挥资本规划的价值，进一步增加公司的经济效益。

3.3.4 巧妙利用金融杠杆

要想巧妙利用金融杠杆进行资本运营，首先要了解利用金融杠杆的原则。

1. 明确资金的用途

切忌将资金用于"灰色产业"，否则，即使获得了收益，也会受到法律的严惩。如果将资金用于生产研发和购置生产要素，那么在产品正式进入销售环节后，至少可以保证收支平衡。

2. 维持稳定的现金流

从资金借贷到获得收益，一般需要经历较长的过渡期。在此期间，必须确保公司的现金流始终符合还款要求。近几年，一些公司在过渡期出现现金流断裂的问题，严重者甚至被迫破产清算。

金融杠杆的本质是通过时间差和信息差获得收益，公司必须维持稳定的现金流。

在实际操作中很可能出现失误，导致公司资金周转困难。这要求我们掌握一些去杠杆的方法。古典的去杠杆方法十分简单，即直接进行破产清算，在失去资产和负债后，杠杆自然随之消失。不过，这种方法过于简单粗暴，不适合现代社会。

如今，常用的去杠杆方法主要有以下几种。

1）偿还债务

如果由于债务导致杠杆过高，那么最有效的去杠杆方法是偿还债务。然而，在实际操作中，公司之所以利用金融杠杆，正是因为资金不充裕，往往只能通过变卖资产的方式偿还债务，可行性不大。此外，如果多家公司同时采用这种去杠杆方法，那么资产的市价会相应降低，导致破坏市场经济现状。

2）通货膨胀

债务会随着通货膨胀而贬值，若某公司借贷 100 万元，同年通货膨胀率为50%，则该公司次年应还债务相当于 50 万元，两三年后，该公司的债务将越来越少。这种去杠杆方法的本质是利用杠杆率替换"经济泡沫"，存在杠杆提高的风险。同时，通货膨胀是一种不可控的经济现象，我们只能顺势而为，对其加以利用。

3）转移杠杆

这种方法是将杠杆在公司与公司之间、公司与用户之间进行转移，将风险转移给另一方。这种方法只能暂时缓解某一方的经济压力，从宏观角度来看，可能会提高总体负债率，进一步累加风险。

由此可见，去杠杆不存在万全之策。在进行杠杆运作前，一定要谨慎衡量公司能否承担风险。在去杠杆时，公司应预防债务集中爆发的危机，正确处理"去杠杆"与"经济增长"的关系。

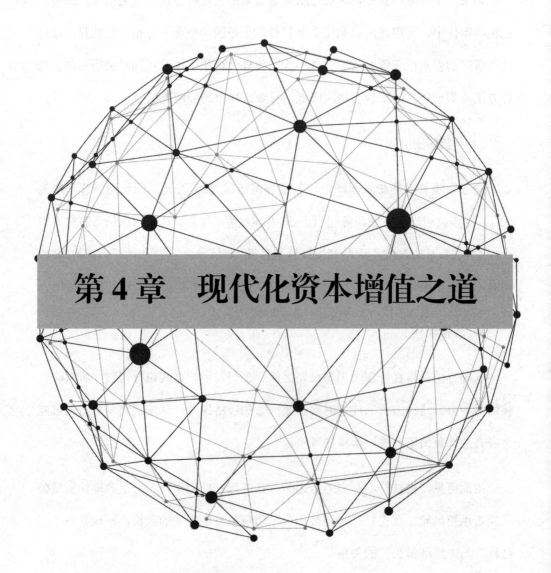

第4章　现代化资本增值之道

如何让公司的资本实现增值？在当今的市场背景下，出现了一些新方法。首先，知识、技术、数据对公司的发展越来越重要，公司应重视对无形资本的经营和保护；其次，公司经营不是投机行为，要想增加盈利，必须进行合理的规划；最后，IP（Intellectual Property，知识产权）是公司形成竞争优势的有力武器，对提高产品价格、增加利润有很大的帮助。

4.1　无形资本助力公司增值

随着数字化转型号角的吹响，公司逐渐从"重资产"过渡为"轻资产"。技术、专利、数据等成为公司的重要资源，对公司增值具有重要影响。

4.1.1　"知识经济"时代，知识产权很珍贵

21世纪是"知识经济"时代，知识产权战略是公司发展战略的重要组成部分。知识产权又被称为知识所属权，其本质是一种无形财产权，是经过创造性的智力劳动所得到的劳动成果。知识产权的转化能够激发科技创新的积极性，从而增强公司的创新能力。

目前，全球智能手机市场的竞争已经达到白热化程度，由市场营销竞争转向产品专利竞争。各大智能手机公司希望通过建立专利壁垒来形成自己的优势，华为在这方面的表现尤其突出。

在智能手机市场中，苹果长期名列前茅，市场份额保持领先。相关数据显示，近几年，华为手机的销售量有了很大的提高，占据了中国市场的最大份额，全球市场份额也曾超过苹果手机。可以说，华为正在逐渐占领由苹果主导的高端市场。

华为的成功，特别是在高端市场的突破，与其持续多年在智能手机专利技术方面的投资紧密相关。相关资料表明，苹果曾与华为签订授权协议，由苹果向华为支付专利技术使用费。华为的知识产权为其带来了巨大的收益，同时建立了坚固的技术壁垒。

知识产权是公司发展的核心，它不仅可以使公司保持技术领先的优势，还可以确保公司稳步发展，从而创造更大的商业价值。只有重视对知识产权的经营，公司才能借助知识产权获利。

4.1.2　商标的溢价能力

世界知识产权组织对"商标"的定义是"将某商品或服务标明是某具体个人或公司所生产或提供的商品或服务的显著标志"。一些公司没有正确理解商标的真正价值，只是简单地将其理解为创建品牌。实际上，商标不只是区分品牌的标记，更是一家公司无形的宝藏。

优质商标的升值空间很大，升值速度也很快。例如，某公司曾在全球范围内注册"iPad"商标。后来，苹果发布新品 iPad，"iPad"商标的价值迅速飙升。苹果曾向商标局申请撤销"iPad"商标，在经历多次开庭审理和协商讨论后，苹果向该公司支付 6000 万美元，用于购买"iPad"商标。

对于许多公司来说，优质商标本身就是免费的宣传，拥有极强的溢价能力。一些公司花费上百万元甚至上千万元的广告费进行产品推广，优质商标往往可以省下这些费用，直接抢占用户心智。用户很少深究著名品牌的厂房在哪里或由什么样的工厂加工，公司只要对商标进行品牌化运作，就可以提升其价值。

例如，肯德基在经过持续的运作和管理后，成为一家国际著名快餐公司。如今，收取加盟费用和管理费用已经成为肯德基的主要获利方式。

此外，公司还可以通过商标权入股、买卖、证券化等方式实现盈利。也就是说，在经过合理的布局和高效的管理后，商标同样可以成为公司获利的重要途径。

4.1.3　技术进步，数据强势崛起

近年来，许多技术实现了商业化，数据的价值也日渐显现。例如，保险公司可以对某位司机的各类数据进行计算、分析（如行驶里程、驾驶安全系数、刹车和油门的踩动情况等），之后便可以得知该司机的驾驶习惯和未来的驾驶风险，这些数据会影响车险的保费金额。由于数据具有稀缺性和差异性，因此掌握较多数据的公司能够更好地进行差异化服务，从而在商业竞争中胜出。

在电商巨头亚马逊进行个性化推荐后，许多公司纷纷效仿，个性化推荐功能逐渐出现在新闻、书籍、音乐、社交等各种产品中。例如，网易云音乐以精准的"每日推荐"闻名，淘宝的商品推荐个性化十足，今日头条主打根据用户偏好推荐资讯等。

在大数据时代，能够对数据进行高效整合的公司拥有更大的经营和发展优势。如何对产品数据和用户数据进行整合、挖掘、分析，已经成为公司设计战略布局的重要课题。我们可以从以下几个方面着手，对具有重要价值的数据进行分析和整合。

1.　有目的地收集数据

有目的地收集数据，可以确保数据分析结果有较强的针对性和实操性。例如，对销售公司而言，数据分析的目的主要是为用户提供个性化服务、向初次消费用户推荐产品、对回购用户进行跟单优化。

2. 创建用户画像

在有目的地收集数据后，我们可以对数据进行整合，用描述性的文字创建用户画像。具体做法是先将用户的全部相似属性列出，再进行筛选和去重，对与公司产品契合度较高的用户属性进行重点标记，最后用可视化的形式展现出来。需要注意的是，用户画像应该具有一定的灵活性，方便在后续过程中根据每一个用户的动态行为进行修正。

3. 验证用户画像

首次创建的用户画像难免存在数据偏差，需要进行修正，即根据用户的行为偏好做出调整。每一次修正都是对"创建用户画像"过程的反复。

我们可以通过定向内容评估法来验证用户画像，即在首次创建用户画像后，向这部分用户推送相关产品，产品的购买率或复购率可以有效验证用户画像是否合理，这样有助于为用户提供更加精准、优质的服务。

未来，商业的竞争是数据的竞争。我们必须精确掌握数据，并根据数据的整合结果把控服务流程，实现公司业务的整体优化，从而占据市场竞争中的优势地位。

4.2　盈利规划和资本增值

创业者在经营公司的过程中可能会遇到一些不利情况，如产品销量止步不前、资金用得太快、无法增加利润、用户增速缓慢等。之所以会遇到这些不利情况，往往是因为创业者没有进行盈利规划，只是随波逐流地经营，没有提前考虑相关问题，导致处处被动。

4.2.1　制定预算，加强成本控制

在创业初期，有一些创业者苦于产品销量止步不前，可能会萌生放弃的念头。之所以出现这种情况，大多是因为他们没有整理财务数据，只看到公司表面的花销，却忽略了公司日益降低的成本和日益扩大的规模。提前制定预算，可以帮助创业者明确盈利节点，了解公司真正的经营状况。

制定预算的过程，其实就是确定公司花销范围的过程。例如，某公司今年的总预算为 2000 万元，如果在年终清算时发现花销已经接近 2500 万元，就说明该公司出现了严重的经营问题。部门也是如此，如果给采购部门设置的预算比往年少 10 万元，那么采购人员应努力压缩采购价格，弥补预算差距。

我们可以通过制定预算的方式实现"抓大放小"，明确各部门的权力和职责。只要是在预算范围内的事，就可以交给负责人自行决定，这样可以极大地减轻管理层的决策负担。要想实现"抓大放小"，需要在制定预算的过程中做好以下工作。

（1）合理授权。在制定预算时，应该明确各部门及其负责人的权力范围、职责范围，尤其是明确他们在预算范围内的权力和超出预算范围应承担的责任。预算范围界定得越清晰，各部门及其负责人的执行效率就越高。

（2）绩效匹配。没有绩效匹配的预算没有实际意义。在制定预算时，应该将

预算与绩效激励、绩效评估相匹配。这样可以调动员工的积极性，更有效地压缩成本。

除此之外，制定预算还要参考次年的年度计划，这样可以帮助管理层制订更细致的发展计划。制定预算会促使管理层预估公司发展中可能遇到的问题，并在此基础上充分讨论，由此得出的应对方案更有指导意义。

不仅如此，一份具有指导意义的预算，还可以对各个部门进行整合，确保所有员工都在为共同的目标而奋斗。例如，在某次活动前对员工明确表示，需要将成本控制在 20%以内，实现该目标后会给员工发放绩效奖金。这样可以把所有员工的力量凝聚起来，在让员工高效工作的同时，有效节约成本。

当然，为公司制定预算需要花费很多的时间和精力。按季度制定预算不仅可以节省时间和精力，还可以根据公司的实际运营情况及时调整预算。在公司进入停滞期时，可以根据预算的使用情况了解公司的实际经营状况，明确未来的盈利节点，恢复管理层的信心。

4.2.2　完善财税体系，规范化操作

无论公司是否准备上市，规范化的财务、税务都有助于公司的生存和发展。在对公司的财税进行规范化管理后，管理层可以清晰地了解整个公司的财税情况，从而有效提高经费使用效率，提升财务综合管理水平。

在实际操作中，财税规范化的重点包括以下几个方面。

1. 经费管理科学化

如果没有严格的经费管理办法，就无法对公司的财税实行严格管控。规范化的财税一定要建立在真实的资金流动的基础上，还要由不同部门进行审核，并保留相关的审核记录。

公司的所有支出都要由相关部门进行全方位评估，严格控制预算。在获得审批之后，由财务部门根据经费情况制订支出计划。此外，公司还可以建立奖惩制度或考核制度，进一步提高经费的使用效率。

2. 经费管理制度化

要想实现规范化财税管理，首先要为相关人员制定经费管理制度，对于资金、账务、票据、文件、支付凭证等，也要制定完善的管理或审核制度，以便规范财务部门的工作流程。例如，对于票据管理制度，需要严格按照票据的使用环节建立管理账簿，对所有票据分类入账、及时记录，并由经手人签字确认。对于突发性经费，财务部门和业务部门需要共同监督，将行政手段和经济手段相结合，严格控制经费支出，实现经济效益最大化。

3. 业务建设规范化

除了建立经费管理制度，公司还需要按照业务类别细化各项规章制度。例如，严格落实凭证登记制度，保证各项凭证及时、准确入账；完善财税资料管理制度，对各类资料分类摆放、定期整理；优化电算化管理制度，确保计算方法科学、高效。

4. 队伍建设专业化

打造专业化的队伍是一项长期工作。除加强队伍的思想政治建设以外，公司还应该努力完善培训机制，并对从业人员进行严格的业务考核，全面提高他们的思想品质和业务能力。

除了上述几个方面，公司还需要根据所处行业、业务特点、实际反馈等因素，进行更科学的流程设计。有了规范化的财务和税务，公司便能更好地实现利润最大化。

4.2.3　提高客单价，扩大利润空间

客流量、客单价、成交率可以用于衡量产品的销售情况。其中，客单价指的是顾客的平均交易额。我们可以简单地将"销售额"视为"客流量"和"客单价"的乘积，在短期内难以提升客流量的情况下，提高客单价是增加盈利的有效方法，其本质是让顾客单次消费更多的金额。

客单价通常由以下几个因素决定。

（1）在销售场景相同的情况下，由于不同品牌的价格定位不同，因此客单价也会出现差异。例如，某商场中的 A 品牌零食套装售价为 380 元，B 品牌的相似零食套装售价为 128 元。或许 B 品牌的销售量更大，不过，在客单价的作用下，A 品牌的销售额会显著高于 B 品牌。

（2）在品牌方举办促销活动时，顾客通常会因为价格优惠而购买更多的产品。

品牌方可以利用这种消费心理，通过优惠活动提高顾客的购买量，从而提高客单价。

（3）根据产品关联性的不同，可以将产品划分为同品类、相近品类、跨品类、跨大类。我们可以根据关联性对产品进行组合，从而有效提高客单价。例如，对婴儿的食品、服装、玩具进行组合，虽然横跨了 3 个大类，但是这种组合比较符合顾客的消费习惯，可以有效引导顾客购物。

在了解了影响客单价的因素后，我们可以充分利用这些因素来提高客单价。

首先，对于同品类产品，我们可以采用降价促销、联合销售等方式；对于不同品类产品，我们可以对产品进行组合，从而带动不同品类产品的销售。在这个过程中，我们要考虑产品的关联性，利用产品的相似性或互补性，促成顾客的购买行为。

其次，如果公司的信息化程度足够高，那么可以对产品的销售数据进行分析。例如，分析各品类产品在不同季节、不同节日的销售情况，从而建立产品与节日的内在关联，进一步引导顾客消费；了解各品类产品的销售趋势，有意识地提高产品的品类档次；创建完善的会员系统，建立会员的个人消费行为画像，实现对会员的精准营销。

最后，公司要实时更新产品信息，频繁制造消费热点，向顾客推广最新产品、热销产品、促销产品，使客单价的提高常态化。

4.2.4　引导用户复购，提升盈利

近几年，获取新用户的成本持续提高。一种简单、有效地提升效益的方法是引导用户复购，从而提升公司的整体业绩。在引导用户复购之前，首先要了解用户流失的根本原因。从宏观的角度来看，很多行业存在产能过剩、同质化严重的问题。用户的选择变多了，购物需求也发生了变化，单一功能的产品很难满足用户的需求，他们更愿意为产品的附加价值买单。

因此，要想引导用户复购，我们需要转变经营思维，摒弃向用户介绍产品的传统思维，转而采用向用户介绍生活方式的新型思维。

例如，在向用户介绍服饰时，可以在不同的场景中展示服饰的搭配效果，让用户感受到这些服饰能够为其带来生活方式的改变或生活品质的提升，从而产生购买欲望。这种方法的关键是在品牌与用户之间建立价值连接，通过品牌的价值观吸引用户复购。

对品牌而言，与用户建立信息连接同样很有必要，这样可以进行实时触达，向用户推荐新品、推广促销活动，进一步促成用户的复购行为。在此之前，我们可以通过"三七二十一"回访机制来优化用户体验，以便引导用户复购。

"三七二十一"回访机制，顾名思义，就是将用户购买或签收产品当日作为一个时间节点，在第 3 天、第 7 天、第 21 天分别进行回访。例如，某家主营艾灸产品的公司在该回访机制的作用下，用户复购率高达 95%。

在用户签收产品的第 3 天和第 7 天，该公司的专业技师会打电话回访，询问用户是否开始使用产品、使用效果如何、是否需要具体指导等问题。这种简单的

回访机制实用性很强，不仅成本较低，还能给用户留下负责任的好印象，加深用户对品牌的信任。

艾灸是消耗品，在第 21 天，用户购买的艾灸几乎已经消耗完毕。这时进行回访，很容易激起用户的购买欲。如果在前两次回访中成功与用户建立信任，那么用户复购率很可能会有所提升。

在采用该回访机制时，要注意收集用户的反馈意见，及时改进产品和服务，尤其是重点关注复购率高、购买量大的高净值用户。我们可以为每一个用户建立用户档案，详细记录个人信息、购物信息、反馈意见，更好地为用户提供个性化服务。

4.3 品牌 IP 化让公司更值钱

品牌是公司核心理念和价值观的重要体现。好的品牌可以提高产品溢价，带来更多利润，IP 化的品牌可以增强公司的竞争力，使公司和产品在市场中更加亮眼。

4.3.1 设计富有情感的价值观

品牌是一种无形、有情感价值、富有号召力的象征，是公司核心理念和价值观的重要体现。品牌的 IP 化始于公司为品牌设计的价值观。随着消费水平的提高，用户对产品的需求从物理层面转向情感层面。品牌认同的最高境界是可以唤起用户认同的价值观。

价值观设计应贯穿于品牌战略、品牌定位、核心价值观、内容建设、公司领导、品牌推广的许多方面和环节。处于零售行业的星巴克为什么能在激烈的市场竞争中保持优势并实现利润增长呢？答案是用户认同星巴克的价值观。

星巴克创始人霍华德·舒尔茨曾说"星巴克卖的不是咖啡，而是服务和体验"。这是星巴克从一家普通咖啡店变成一种文化象征的重要转折点。星巴克的咖啡虽然绝对价值不高，但是象征着"精致"，代表一种追求品位和质量的生活方式。

之所以要从公司的角度确立并传播品牌的价值观，是因为对用户而言，将品牌认同持续下去，往往建立在认同公司价值观的基础上。这也是很多品牌的价值观最终变成公司核心价值观的原因。

品牌价值观的传递不一定要通过用户对产品的直接体验来完成，应该在进行品牌传播时，让所有关注过产品的用户都能感受并认同品牌的价值观。之所以有很多人认为华为手机更好，是因为华为品牌蕴含的爱国情怀得到了用户的认可，虽然并非所有认可华为价值观的用户都体验过华为的产品。

海尔的品牌初衷是"真诚到永远"，坚持维修人员上门维修不抽烟、穿戴鞋套。这样的价值理念让用户非常信赖海尔的产品和服务，形成了一种"海尔的产品和服务很优质"的印象。

只有品牌的价值观被用户真正认同，并进行持续的传播和强化，品牌才会被用户真正认同。这就是品牌 IP 化的开始。

4.3.2　打造创始人的个人 IP

在宣传公司的时候，将品牌 IP 化会对宣传推广起到很好的作用，这更适用于产品同质化程度高、决策简单、信息不复杂的情况。打造创始人的个人 IP，则可以更好地激发用户的情绪，拉近公司与用户之间的距离。

公司创始人也许不经常在公共场合露面，不过，他们的个人魅力可能会影响用户对其产品的认知，从而自发性地为其推广产品，让更多人成为其产品的用户。例如，提起福特，我们就会想到汽车；提起马化腾，我们就会想到腾讯；提起董明珠，我们就会想到格力；提起雷军，我们就会想到小米；等等。他们逐渐成为公司的符号，与公司建立起一种微妙的联系。

例如，虽然有人不喜欢国产手机品牌小米，但是很少有人批判其创始人雷军。这不仅因为雷军是国产手机革命的先锋人物，还因为外界对其"劳模"形象的认可。为实现"营业额突破千亿元"的目标，华为用了 21 年，苹果用了 20 年，阿里巴巴和腾讯用了 17 年，而小米只用了 7 年。小米高级顾问祁燕说："小米每天都在用'拖拉机'的身体跑'高速'。"小米创始人雷军经常进行高强度的工作。

将创始人 IP 化可以让用户形成许多正面的联想，这种心理暗示会在用户的脑海中转化为对公司、品牌、产品的信任。在"劳模""勤奋"等褒义标签的作用下，雷军的个人 IP 逐渐形成。如果雷军重新设计一款数码产品，那么很多人可能觉得该产品不会太过普通，因为在很多人心中，优秀的创始人代表了高质量的产品。

为创始人打造个人 IP 是一种省力、保险，并且难以被竞争对手模仿的品牌 IP 化的方法。这种方法不仅能收获更多用户，还可以提高产品的转化率，从而实现公司的"具象化"。

4.3.3　IP 化的品牌要有独特标签

在"信息大爆炸"时代，即使再好的内容，也可能被淹没在信息的海洋里。人们记不住看过的所有内容，却能记住看过内容后的感觉，这种感觉就是用户给内容贴的"标签"。贴标签是让用户快速形成品牌认同的营销手段，有标签的品牌与没有标签的品牌相比，用户的辨识度和认可度会有很大的差异。

我们可以从以下 3 个维度出发，为 IP 化的品牌打造与众不同的标签。

1.　个性化

随着经济的发展，用户在选购产品时越来越注重精神感受，消费需求的个性化和多样化趋势日益明显。所以，在打造标签时，我们要突出品牌个性。品牌个性是品牌形象的重要构成因素，鲜明的品牌个性能使产品在用户心里留下深刻的印象。

2.　简约化

在"信息大爆炸"时代，用户见过很多品牌，对品牌的推广已经产生免疫力。他们通常不会保留太多关于品牌的记忆点，最多只能记住几个关键词。因此，品牌的标签需要尽可能简约，关键词越少，用户越容易快速形成记忆。例如，"农夫山泉有点甜""大自然的搬运工"等关键词，直观明了地表现出农夫山泉水质好、无人工制造的特点。

3. 实用化

打造品牌标签需要挖掘品牌的特点，并选出最有竞争优势的特点，将侧重点放在该特点上，从而抢占用户心智。品牌可以从产品的使用感受入手，言简意赅地表现产品的功效。以洗发水为例，清扬主打"去屑"，飘柔主打"修护"，沙宣主打"专业"。

此外，品牌还可以基于目标用户的具体需求确定品牌标签，一个与众不同的标签可以更好地获得用户的认同。

品牌标签的价值正在逐渐超越产品本身，成为提升产品竞争力的要素。标签既是对外传播的旗帜，也是用户认识品牌的主要方式。一个与众不同的标签可以更好地帮助品牌实现 IP 化。

第 5 章　投资规划设计

资本运营的关键目标是让资本流动起来，投资是实现这个目标的法宝之一。在市场竞争日趋激烈的时代，创业者应学会投资，做好投资规划设计，以投资者的身份选择感兴趣的项目和公司进行投资。这是不断提高资本运营效率的重要途径。

5.1　投资的思维框架

投资不是盲目跟风，需要提前厘清思路，做好规划，即明确公司的发展阶段，理性判断公司的价值，始终以成本为依据，独立思考，不随波逐流。

5.1.1　周期性原理：不同发展阶段的投资价值

投资者关注的焦点是公司，其工作重心是研究公司的发展阶段，把握各发展阶段的特点，并据此做出相应的决策。大多数公司在发展的过程中会经历如图 5-1 所示的 4 个阶段，分别是初创期、成长期、成熟期、衰退期。有些投资者倾向于投资处于高速成长期的公司，获得了一定的高额收益。其实，每个发展阶段的公司都有其独特的魅力和不同的投资价值。

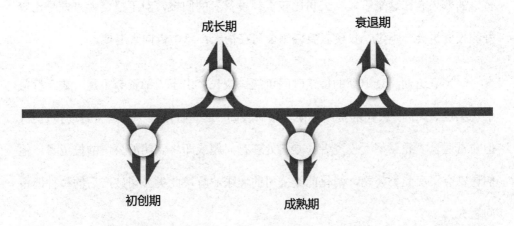

图 5-1　大多数公司会经历的 4 个发展阶段

（1）初创期。在初创期，公司的盈利情况往往不太理想，尚未形成完善的管理制度，核心竞争力比较弱。随着技术的引进和市场的扩大，公司逐渐发展起来，收益有所增加。这个阶段的公司不适合普通投资者，更适合天使投资者。

（2）成长期。当公司发展到成长期时，其产品通常经过了一部分用户的试用，并以自身优势赢得了这部分用户的喜爱。与此同时，同类公司之间开始相互竞争，并且往往会持续较长的时间。在这个阶段，公司需要借助外部资本增强竞争力，更好地利用负债这一财务杠杆，实现快速扩张。不过，投资者需要注意的是，处于成长期的公司通常面临较大的竞争风险，破产率和被兼并率较高，必须警惕"成长陷阱"，避免被套牢。

（3）成熟期。处于成熟期的公司为了巩固自己的行业地位，会在营销上花费较高的成本，其盈利处于稳定或下降的状态，整体发展速度开始放缓，不过产品价格有所提升。其股票从成长股蜕变为价值股，投资者可以看到"放长线，钓大鱼"的效果。在这个阶段，公司比较重视投资者的回报，对于投资者来说是比较好的投资机会。不过，投资者要警惕公司在悄无声息中走向衰退期。

（4）衰退期。衰退期的持续时间可能比较长，由于内部资金不足、缺乏权益融资渠道等原因，公司的资产负债率相对较高。这个阶段显然不适合普通投资者，但非常适合"秃鹫型"投资者（专门处理有问题或即将倒闭的公司的投资者，他们通常会买卖此类公司，消化此类公司的坏账，解决此类公司破产后的种种遗留问题）。

在公司的不同发展阶段，投资者会扮演不同的角色。投资者应该给自己一个清晰、准确的定位，厘清自己和公司的关系，明确应该在哪一个发展阶段对公司投资，希望获得多少年复合回报等问题。不同投资者的资金来源和投资成本不同，对收益的预期往往也不同。

5.1.2　用实业眼光做投资

想通过投资来运营资本的创业者应该思考一个问题，即如何才能成为一名合格的投资者。这个问题不难解决，我们只需要记住一个重点，那就是用实业眼光做投资。

首先，我们要判断自己投资的是不是一桩好生意。

好生意通常具备两个要素，一是它做的事其他生意做不了，二是它做的事可以由自己重复做。前者代表门槛，决定利润率的高低和未来的发展趋势；后者代表可复制性，决定销售增速。如果一桩生意无法兼顾上述两个要素，那么应优先选择有门槛的低增速生意（可以持续发展）。因为门槛是现成的，比较容易把握，可复制性则很难预测。

其次，我们要分析行业的竞争格局和公司的优势。

在饮料界，可口可乐的竞争力是非常强的。其他公司即使花费大量资金、引入大量人才，也很难生产出另外一种饮料来撼动可口可乐的地位。这就是可口可乐的"护城河"，其他公司无法再造一个"可口可乐"。

投资的本质是选公司，选公司要看公司所处的行业及其优势。在投资领域，行业巨头的"护城河"往往非常"宽"，有更大的概率获得超出预期的利润。投资不是一件随便的事，只有坚持用实业眼光评估公司的价值，不被市场波动影响，时间才会给投资者一个好结果。

最后，我们要考虑价格和价值的关系。

既然用实业眼光做投资，投资者就应该考虑价格和价值的关系。价值是对公司未来能够获得的收益和可能遭遇的风险进行综合评估的结果。在投资中，只有价格低于价值，投资者才可以获得正向回报。投资者要想正确判断价值，尤其是公司的未来价值，没有实业眼光和对行业发展脉络的理解、把控，是很难做到的。

要想用实业眼光做投资，投资者需要研究不以人的意志为转移的规律，不能总是纠结于市场如何变化。经济发展规律、行业特质、公司现状、商业模式等是客观存在的，在短期内不会有太大变化。投资者要将它们研究透彻，使它们形成持续的竞争优势。

5.1.3　培养逆向投资思维，"人取我弃"

在投资中，逆向思维很重要。无论是巴菲特，还是约翰·邓普顿、卡尔·伊坎，投资领域的专业人士大多具有非常强的逆向思维能力。关于逆向思维，Meta（原 Facebook）首个外部投资者彼得·蒂尔曾说过："逆向思维不是为了和其他人持不同意见而持不同意见。如果是这样，就不再是逆向思维，只是加了个负号的延续性思维——先看看主流舆论，然后在前面加个负号，以体现自己的别出心裁。"

真正的逆向思维是独立思考，不随波逐流、人云亦云。当然，逆向思维不是要求投资者与其他人唱反调，而是挖掘自己感兴趣，但其他人还没发现优势的领域。

此外，彼得还强调，逆向思维与一个人提出好问题的能力息息相关。如果一个人提出的问题既不太简单，也不太难，那么可以自己回答相关问题，并把相关问题回答得很有趣。也就是说，投资者如果可以从提出好问题入手，那么将得到很多有趣的答案。

有一些投资者虽然努力，但是没有提出过真正的好问题，只能提出一些大家都在思考和研究的问题，这些投资者难以脱颖而出。从这个角度来看，逆向思维不一定意味着给出与众不同的答案，提出与众不同的问题也是一个非常不错的起点。

总而言之，彼得认为逆向思维有以下两个要点。

（1）找到其他人不太感兴趣，但自己很想探索的领域。

（2）提出好问题。

彼得对逆向思维的看法很受欢迎，它们提醒了投资者，投资不能跟风，应该有自己的判断。在投资时，投资者应该分析 5 年、7 年、10 年后的市场情况。"机会是留给有准备的人的"，当投资机会来临之际，成功的投资者大多是提前做好准备的投资者。

5.1.4　培养成本至上思维，低成本是硬道理

在投资时，投资者往往会遇到 4 类公司，分别是便宜的好公司、贵的好公司、

便宜的坏公司、贵的坏公司。投资者很难判断和把握公司的好坏，不过可以控制投资的成本。

如果投资者用比较低的成本投资某公司，那么即使该公司发展得不好，也只是从"便宜的好公司"变成"便宜的坏公司"，投资者蒙受的损失是有限的。如果投资者没有控制成本，那么"贵的好公司"实际上是"贵的坏公司"，投资者可能蒙受的损失会非常大。

也就是说，只要投资成本低，投资者就不需要担心自己成为"傻瓜"。此外，当投资成本足够低时，投资者赚钱的概率会大很多。正如沃尔玛创始人山姆·沃尔顿所说的那样："只有买得便宜，才能卖得便宜。"在这一理念的指导下，沃尔玛取得了巨大的成功。

这一理念非常适合投资领域。当"便宜"和"好公司"搭配在一起时，投资者做的很可能是一笔成功的投资；如果是"贵+好公司"的组合，那么很可能是一笔比较平庸的投资。投资成本低且表现优秀的公司，相当于和德才兼备的人交朋友，至少自己是非常安全的，无论投资时间是多久，投资者都有更大的概率收获惊喜，而非惊吓。

5.2　投资四大门槛："好""强""高""多"

投资者如何选择好项目？简单来说，可以总结为四大门槛，分别是商业模式好、成长能力强、竞争壁垒高、超级用户多。

5.2.1　商业模式好

值得投资的商业模式究竟是什么样的？我相信这个问题在很多投资者的脑海中出现过。总的来看，值得投资的商业模式至少应该具备以下几个特点。

（1）使用门槛低。在美国商界有一个概念叫作 Freemium（免费增值），即长时间为用户提供免费服务，不过一些先进的功能或虚拟产品需要付费才可以使用。例如，Zoom 的基础功能可以满足大多数用户的线上沟通需求。不过，在很多场景中，尤其是当用户需要使用增值功能或专业版、商业版账户时，Zoom 会收取相应的费用；著名客户关系管理系统 Salesforce 也是同样的模式。

（2）订阅模式对用户黏性的要求非常高，并且用户要有非常强的付费意愿。例如，以抖音为代表的社交媒体通过搭建内容生态，吸引并留存大量活跃用户，进而将用户转化为变现资源，使机构和商家通过付费甚至竞价的方式实现变现。

（3）强调体验。用户愿意为了体验付费，从本质上来看，无论是工具、服务、内容还是平台，用户享受的都是一种体验，也可以说是一种心理上的满足。

（4）生态型商业模式难度较大、要求较高，公司会面临很多困难。不过，一旦这种商业模式成功发展起来，公司就会收获巨大的惊喜，苹果、谷歌、亚马逊等是这种商业模式的经典案例。形成闭环的完整商业生态将成为公司绝佳的"护城河"。

一些公司为了标新立异，试图创造全新的、更有价值的商业模式。这不仅需要勇气和牺牲精神，更需要远见。例如，被誉为"世纪网络第一人"的杨致远于1994 年和大卫·费罗创立了全球第一入口网站雅虎。在创立雅虎网站的同时，杨致远创造了一种基于互联网的商业模式，即网站盈利全部依托广告，在用户层面完全免费，通俗地说，就是"羊毛出在猪身上"。在雅虎出现前，用户必须花钱才可以浏览和获取各类信息。因此，雅虎的创立是一场具有开创性的商业模式变革。

5.2.2 成长能力强

投资者对公司投资，看重的是公司的未来。判断公司有没有未来，非常关键的一点是看公司有没有足够强的成长能力。就像平时的社交一样，人们往往更想与有成长能力、未来可以发展得很好的人成为朋友。

在投资领域，投资者要像判断一个人有没有发展前景那样衡量公司的成长能力。不过，对统计学有一定了解的人应该知道，投资者通常只能大概衡量公司的成长能力。在这种情况下，投资者应该做的是分析公司有多大的概率朝更好的方向发展，根据历史数据预测公司的未来发展趋势，具体可以从以下几个方面入手。

1. 看营业收入

营业收入越多，公司的发展前景越好，成长能力越强。如果投资者了解公司营业收入的增长情况，就可以知道公司的生命周期，进而分析出公司正处于哪一个发展阶段。

在一般情况下，营业收入增长率高于 10%，说明公司处于成长期，未来有很大的概率保持较好的增长势头；营业收入增长率为 5%～10%，说明公司已经进入稳定期，即将进入衰退期，需要研发和生产新产品；营业收入增长率低于 5%，说明公司已经进入衰退期，如果没有设计出新产品，那么很可能继续走下坡路。

持续增长的营业收入是公司具备较强成长能力的有力证明。

2. 看经营活动现金流

成长能力强的公司，其经营活动产生的现金流和利润是正相关的，并且二者会同步增长。有时候，经营活动产生的现金流大于利润增长。如果一家公司的利润有所增长，经营活动产生的现金流却在减少，那么该公司很可能在利用利润增长营造一种自身发展良好的假象。在这种情况下，投资者应重点考察该公司的应收账款和存货是否大规模增加。

3. 看自由现金流

自由现金流是公司获得的"真金白银"，即实际收入。只有自由现金流持续增长，才可以充分反映公司的成长能力。

4. 看提价权

公司如果掌握了提价权，就可以在不增加成本的情况下获得更多的收入，并且这部分收入基本上是纯利润。对于投资者来说，这是非常有利的事。不过，在用户心中，掌握提价权的公司往往难以被取代，很难找到替代品，投资者必须具备很强的实力才可以与其合作。

虽然成长能力很重要，但是投资者如果过于看重成长能力，那么很容易走偏。"成长"二字具有很强的诱惑性，甚至会误导投资者盲目投资"假大空"的公司（看似很有爆发力，实则是"绣花枕头"）。因此，除了成长能力，投资者还应关注其他指标，如综合实力、文化愿景、未来发展等。

5.2.3 竞争壁垒高

对于大多数行业来说，竞争壁垒是一把非常好的"保护伞"。竞争壁垒可以分为硬性竞争壁垒和柔性竞争壁垒。聪明的投资者应该明白，与硬性竞争壁垒相比，柔性竞争壁垒虽然没有通用的判断标准，但它是决定公司甚至行业成败的重中之重。

第一个柔性竞争壁垒是业务方向。它在一定程度上体现了创业者是否愿意躬身入局，脚踏实地做其他人不想做或不愿意做的事。有投资价值的公司通常会基于自身的业务方向，有意或无意地关注行业空白，挖掘尚未被挖掘的业务。在这些业务背后，往往蕴含着非常大的价值。

第二个柔性竞争壁垒是持续积累数据的能力。例如，Meta 如果没有建立"用户必须注册才能浏览平台内信息"的保护机制，就很难积累大量数据。又如，苹果凭借庞大的用户体量和丰富的数据搭建了完整的内容生态，在硬件与软件之间形成闭环，这是后来者难以撼动的绝佳"护城河"。

第三个柔性竞争壁垒是策略和执行力。很多领域内存在"赢家通吃"的情况，一些创业者可能因此对相关领域望而却步。其实，聪明的创业者不仅可以站在"巨人"的肩膀上，吸收其他公司的成功经验，还可以加快自身的发展速度，不断积累优势。除了策略，创业者和核心团队的执行力也非常重要。来自南京的徐迅在硅谷创办了外卖公司 DoorDash，用了不到 10 年的时间，后来居上，打败了老牌外卖公司 Grubhub，成功在美国上市，并成为当地规模最大的外卖公司。

投资者应该选择可以让自己成为中心节点的领军行业，在该行业内形成专属竞争壁垒。在这样的行业内可能充斥着商业模式各异、质量参差不齐的公司，投资者的任务是从中选出合适的公司进行投资。

5.2.4　超级用户多

超级用户通常是指对品牌有认知，对产品有购买意向，会重复购买产品，能为公司提供反馈意见，愿意推荐其他人购买产品，对产品有较高的忠诚度，与公司建立了强联系的用户。尼尔森提供的数据表明，超级用户的消费能力是普通用户的 5～10 倍。

通过维护超级用户，可以达到"零成本"拉新的效果，进一步促进销售业绩增长，从而让投资者获得更多的回报。值得投资的公司通常会为超级用户设计一条升级通道，赋予他们特殊的身份，为他们提供更高端的产品和更优质的服务。

超级用户发展为付费会员，代表公司与他们建立了更持久、坚固的信任，公司会发展得更稳定。信任是商业的基础和前提，如果没有信任，就没有商业。超级用户正是因为对公司有更持久、坚固的信任，才可以帮助公司创造新的商机。

以会员制仓储超市 Costco 为例。它不像家乐福、永辉等传统百货超市那样依靠销售差价获得盈利，而是依靠会员费获得盈利。这意味着，Costco 的销售价格只需要覆盖最低的运营成本。例如，同一种进价为 30 元的香蕉，家乐福的售价为 40 元，永辉的售价为 41.5 元，而 Costco 的售价为 35 元。Costco 为超市行业提供了一种以会员为核心的商业模式。如果没有超级用户，可能就不会出现这种商业模式，也不会有 Costco 的崛起和发展。

5.3 投资的 3 个风口

基于目前的市场环境，投资者需要注意以下 3 个风口，分别是新能源汽车领域、人工智能（Artificial Intelligence，AI）领域、游戏领域。

5.3.1 新能源汽车领域

在投资界，新能源汽车领域是当之无愧的风口。无论是比亚迪、特斯拉、宝马等老牌汽车公司，还是蔚来、小鹏等新兴汽车公司，在新能源汽车领域的发展都很不错。为了跟上时代发展的步伐，大众投入重金进行 MEB 纯电动平台建设，并与奔驰合作，携手实现汽车电动化转型；丰田致力于锂电池研发，与宁德时代成为全面合作伙伴。

随着越来越多的公司在新能源汽车领域布局，产业链上下游的其他公司也将受益。这意味着新能源汽车领域受到了资本追捧，相关股票的涨幅会非常大。不过，这是否代表投资者只要投资新能源汽车领域，就可以高枕无忧呢？

当然不是。李嘉诚投资 50 多亿元的杭州长江汽车有限公司于 2020 年宣布破产清算，该公司曾是很有潜力的造车新势力。众泰新能源、赛麟汽车、前途汽车等也纷纷在 2020 年倒闭。

很多投资者之所以看好新能源汽车领域，主要是想抓住政策红利。不过，投资不能只看一个方面。在优胜劣汰的市场机制下，只有优秀的公司才能更好、更快地发展，让投资者获得回报。投资者不应盲目选择公司进行投资，而应了解其研发和生产的新能源汽车是否足够优质、商业模式是否经得起推敲、估值有没有"泡沫"等情况。

此外，投资者不应只把目光聚焦在新能源汽车领域，还应关注与其相关的配套产业，如充电桩产业、汽车电池产业等。未来，随着 5G 的普及和人工智能、大数据等技术的发展，新能源汽车的智能化水平会不断提升，新的红利也会到来。

5.3.2 人工智能领域

"人工智能"这一概念首次出现在 1956 年的达特茅斯会议上。当时，第一次工业革命落下帷幕，人们追求"自动化"，希望率先在制造业实现机器自动生产、"机器换人"等目标。

随着人工智能的不断进步，其在法律、哲学、金融、农业、教育、医疗等领域有了广泛应用。人工智能的崛起对人们的工作和生活产生了深刻影响，未来，投资者可以将投资重点放在人工智能领域。

近几年，人工智能公司的估值保持稳定增长。投资者在挑选人工智能领域的项目时，应该努力寻找可以真正解决问题，甚至颠覆现代商业模式的项目。此外，比较火爆的元宇宙也与人工智能有着千丝万缕的联系，这增强了投资者投资人工智能领域的信心。

以游戏开发为例。传统的代码式测试很难把游戏中所有可能出现的场景都检测出来。如果有了 AI 模型，就可以自动检测游戏漏洞，从而减少开发人员的工作量。在游戏《见证者》中，开发人员使用了 AI 模型，通过其检测了整个小岛的所有场景。在这个过程中，AI 模型只要发现有经常卡顿或不符合物理常识的漏洞，可能导致玩家产生不好的"出戏"体验，就会立刻将漏洞记录下来并反馈给开发人员，帮助开发人员进行相应的调整和改进。

如今，人工智能使很多行业的生产力发生了"跃迁式"提升，形成了一条不断延伸的产业链，并且发展出了一些可以落地的应用场景。在这种背景下，"人工智能领域前景广阔"已经成为很多投资者的共识。不过，投资者要警惕资本市场的"泡沫"，多关注有发展潜力的项目。

5.3.3　游戏领域

投资者是否应该投资游戏领域？这是一个非常有意思的问题。近几年，这个问题在投资界甚至整个社会引起了广泛讨论。游戏的主要作用是让人们娱乐和感到放松。游戏公司通过为玩家提供相关服务来获得收益，是合情合理的。

某些游戏公司为了增加收益、实现利润最大化，深入分析玩家的心理和需求，借助游戏规则和体系，让玩家无法自拔。从投资者的角度来看，这种做法无可厚非，因为其有助于实现投资回报最大化。不过，如果综合考量道德和社会责任，就会发现这种做法并不可取。

为了让青少年健康成长，我国对游戏领域的监管非常严格，这要求游戏公司必须对一味追求利润的商业化行为进行调整。游戏公司只有把收益保持在合理的区间内，才可以让游戏回归本质，达到社会责任与自身发展的平衡。

很多投资者非常关注游戏领域在未来会有怎样的发展。在游戏监管趋严的影响下，有些游戏公司确实表现不佳。不过，一些有海外业务的游戏公司取得了不错的成绩。例如，我国有一款非常火爆的游戏《原神》，该游戏出自米哈游（上海的一家游戏公司）。2020 年，米哈游的营业收入大约是 101 亿元人民币，其中的 85 亿元人民币是《原神》贡献的。

《原神》不仅受到了我国玩家的欢迎，在海外也以攻城略地的态势迅速发展。2020 年 7 月，《原神》的海外收入大约是 1.15 亿美元，股价大幅上涨，米哈游的投资者也因此获得了不错的收益。这些数据反映了一个现象，即我国的游戏公司纷纷"出海"，倾向于在海外布局，扩大对海外玩家的影响力，推动中国文化走向世界。

除了米哈游在海外发展得风生水起，腾讯的《PUBG Mobile》在海外也有出色的表现。这在一定程度上说明，虽然国内游戏监管趋严，但是在游戏监管力度比较稳定的海外，我国的游戏公司依然占据了一席之地，其渗透率和收益都有所上涨。

对于"是否应该投资游戏领域"这个问题，投资者不能妄下结论。无论是认为游戏领域风险大，不应该投资，还是认为游戏领域依然是蓝海市场，投资价值高，都有些武断。投资者应该擦亮双眼，综合考量各项要素，找到真正值得投资的项目或公司。

第 6 章　投前管理方案

为避免蒙受损失，投资者应在投资之前对整个项目进行考察，包括分析和评估项目的可投资性、管理和控制投资成本、精读商业计划书、对被投公司进行价值评估。

6.1 分析和评估项目的可投资性

可投资性指的是项目有没有投资价值，即项目的发展潜力。处于蓝海市场、团队优秀的项目一般更值得投资。

6.1.1 项目前景分析：把钱用在刀刃上

在投资界有一个共识，即潜力巨大、处于蓝海市场的项目通常更有投资价值。可能有些人对"蓝海"这个词不是非常熟悉，下面来介绍一下什么是蓝海。在《蓝海战略》一书中，作者对"蓝海"做出了如下解释："现存的市场由两种'海洋'组成，即红海和蓝海。红海代表现今存在的所有产业，也就是我们已知的市场空间；蓝海则代表当今还不存在的产业，也就是未知的市场空间。"简单地说，处于蓝海市场的项目往往是尚未被开发、有巨大潜力的项目。

处于红海市场的项目，产业规则和界限较为明确。一些公司为了降低风险，纷纷投身于红海市场，导致红海市场越来越狭小，同行之间的竞争越来越激烈，收益越来越少。

蓝海市场则不存在这种情况。处于蓝海市场的项目，还没有明确的产业规则和界限，同行之间的竞争压力比较小。如果公司的项目在产业中抢占了先机，为用户创造了新价值，那么该项目的市场前景将十分广阔，该公司可以获得的利润将非常可观。这也是为什么投资者更愿意投资处于蓝海市场的项目。

6.1.2　创业者画像：优秀创业者的 3 个标准

对于投资者来说，在投资的过程中与优秀的创业者合作非常重要。什么样的创业者是优秀的创业者，值得投资者与其合作呢？我们可以总结出 3 个标准，分别是心宽、体壮、脑子活。

首先，优秀的创业者往往心胸宽广、以诚待人。一家公司从早期的"蹒跚学步"，到后期的成熟壮大、健康运作，整个过程非常不容易。在这个过程中，涉及对各种利益、工作、责任的分配，会触及各个利益相关方的利益。如果创业者斤斤计较，那么很可能导致团队、股东、投资者等利益相关方分崩离析、不欢而散。

真正优秀的创业者可以精明，但不能算计，这样才能培养出正向、积极的公司文化。创业者作为矛盾的集中点，必须做矛盾的解决者，而不是矛盾的激化者。就像摩天大楼顶部的金属杆一样，只有合理地设计、工作，才可以避雷。

其次，优秀的创业者要有健康的身体。与一般人看到的光鲜亮丽、意气风发不同，创业其实是一个漫长而艰苦的过程。创业者的身体一定要健康、强壮，这样才能有足够的体力和精力，为抓住随时可能出现的商机做好准备。

最后，优秀的创业者要有灵活的大脑。创业者作为公司的最高管理者，其大脑必须足够灵活。具体地说，创业者需要具备两种很重要的能力，即逻辑思维能力和抓住机遇的能力。如果把公司比喻为一台"计算机"，创业者就是这台"计算机"的"中央处理器"，决定了系统运作的机制和方向。

6.1.3　思考：只要项目能赚钱就必须投资吗

在投资的过程中，一些投资者过度关注项目的盈利潜力，认为只要项目能赚钱就必须投资。其实，这种做法有很高的风险。诚然，对于大多数项目来说，赚钱是非常重要的因素，不过行业发展空间、可复制条件、投入产出比等因素也不容忽视。

首先，如果项目所处的行业发展空间比较小，那么投资者应谨慎投资该项目。一些投资者因为某公司在某一细分领域拥有不错的市场占有率，就对其进行投资。实际上，投资者不应只关注市场占有率，还应关注公司未来的发展速度和整个行业的发展潜力。

其次，不具备可复制条件的项目有风险。例如，某些项目有地域性，无法大规模复制。如果投资者希望这些项目快速扩大规模，实现大范围投放，那么很可能遇到瓶颈。

最后，投入产出比不理想的项目不适合投资。投资是有成本的，高投入、低产出的项目不是投资的最佳选择。

此外，还有一点需要注意，某些项目看似洞察了用户的痛点，但只要投资者进行详细的市场调查和分析，就会发现那些痛点其实是"伪痛点"。对于此类项目，投资者要仔细识别。

6.2　管理和控制投资成本

投资的目的是获得回报，投资者需要对投资成本进行分析，判断能否通过公司获得比投资金额更多的收益。为此，投资者需要分析公司的现金流、盈利能力、偿债能力。

6.2.1　现金流分析

有经验的投资者应该知道，现金流是衡量公司是否成功的重要标准之一，没有现金流支撑的利润只是"假"利润。完善的现金流管理体系是公司生存、发展、增强竞争力的关键保障。投资者要想了解公司的现金流，可以从以下几个方面入手。

1. 现金流与短期筹资能力的关系

如果公司的现金流在某个时期有所增加，那么表明公司在该时期的筹资能力增强，财务情况得到进一步改善；反之，表明公司的财务情况不太乐观。不过，这并不意味着现金流越多越好。如果公司的现金流过多，那么在一定程度上表明公司未能充分利用资金，属于资源浪费，对投资者来说是非常不利的。

2. 现金流结构与公司长期稳定性的关系

现金流结构由 3 种活动组成，分别是经营活动、投资活动、筹资活动。经营活动是公司的主营业务，这种活动提供的现金流可以用于投资，从而帮助公司产生更多的现金流。主营业务产生的现金流越多，公司发展得越稳定。投资活动可以为闲置资金寻找合适的用途。筹资活动可以为经营活动筹集足够多的资金。后两种活动产生的现金流是辅助性的，主要为经营活动服务。如果后两种活动的现金流过多，那么表明公司缺乏稳定性。

3. 投资活动、筹资活动产生的现金流与公司未来发展的关系

投资者在分析现金流时，一定要分清对内投资和对外投资。如果一家公司对内投资的现金流出量增加，那么意味着固定资产、无形资产等有所增加，表示该公司正在扩张，具备较强的成长性；如果一家公司对内投资的现金流入量增加，那么意味着该公司的经营活动没有充分吸纳现有资金，资金利用效率有待提高。如果一家公司对外投资的现金流入量增加，那么意味着该公司的现有资金无法满足其经营需求，不得不从外部引入更多资金；如果一家公司对外投资的现金流出量增加，那么意味着该公司正在通过非主营业务获得利润，财务情况整体趋好。

现金流是公司赖以生存的基础，投资者需要了解公司的现金流及其相关要素，从而获取关键信息，如筹资情况、经营情况、财务情况、未来发展情况等。深入分析现金流对投资者了解公司非常重要，可以让投资者清楚各种活动对公司的财务现状和未来发展有何影响。

6.2.2 盈利能力分析

公司的盈利能力越强，价值越大，投资者可以获得的回报就越丰厚。反映盈利能力的指标有很多，主要包括以下几项。

1. 销售毛利率

销售毛利率可以体现公司的初始盈利能力，是净利润的起点。如果没有足够高的销售毛利率，那么公司很难获得较多的盈利。不同公司所处的行业不同，销售毛利率有所不同。如果不同公司处于同一个行业，那么销售毛利率一般相差不大。

2. 销售净利率

销售净利润率可以体现公司的最终盈利能力，该指标越高，说明公司的盈利能力越强。不同行业的情况存在差异，如高科技行业的销售净利率通常比较高，工业和传统制造业的销售净利率通常比较低。

3. 总资产报酬率

总资产报酬率可以体现公司利用经济资源获得盈利的能力，能够反映公司的资产利用情况。该指标越高，说明公司在增加收入、节约支出等方面的工作做得越好。投资者可以从两个方面了解公司的总资产报酬率，一方面是资产管理是否到位，资产利用率是否足够高，另一方面是销售管理是否到位，利润水平有没有提高的可能性。

4. 资本保值增值率

资本保值增值率可以体现所有者权益的保值增值情况。投资者在分析资本保值增值率时，应该重点考虑以下两个方面：当其他投资者对公司投入资金时，所有者权益增加，资本保值增值率随之提高，不过投资者可能不会获得增值利润；在通货膨胀的影响下，即使资本保值增值率大于100%，也可能发生投资者亏钱的情况。因此，投资者应保持谨慎的态度，切勿盲目乐观。

收益最大化是投资者投资公司的根本目的，也是公司获得发展的关键。盈利能力是公司的生命线，只有具备盈利能力的公司才可以进一步增强竞争力，让投资者获得更丰厚的回报。投资者应衡量多项指标，结合行业实际情况分析公司的盈利能力，更好地分配自己的资金。

6.2.3 偿债能力分析

偿债能力是公司偿还到期债务的能力，这种能力可以反映公司的财务状况。通过对公司的偿债能力进行分析，投资者可以了解公司能否持续经营和公司未来的收益情况。投资者应该如何进行偿债能力分析呢？关键在于衡量以下几项指标。

1. 资产负债率

资产负债率通常越低越好。如果一家公司的资产负债率大于或等于50%，那么该公司的财务状况不佳，投资者应谨慎投资。不过，金融行业（如银行业）的资产负债率通常是比较高的，投资者需要分清行业属性。

2. 流动比率

流动比率可以反映公司的短期偿债能力，一般维持在2∶1左右比较好。如果公司的资产流动性比较强，那么表示公司的偿债能力比较强。

3. 速动比率

速动比率可以反映公司立即变现偿还负债的能力，一般维持在1∶1左右比较正常，一些偿债能力较强的公司，其速动比率可以达到 1∶3。例如，被誉为"药中茅台"的片仔癀的速动比率大约是 1∶3.37，也就是说，片仔癀每 1 元的流动负债有 3.37 元可以立即变现的流动资产来偿还。

此外，投资者在分析公司的偿债能力时，还要分析各项指标在 5 年甚至 10 年内的均值。例如，某公司的资产负债率虽然偏高，但是整体状态非常稳定，近 5 年基本维持在 35%左右。同行业中的很多其他公司只有在行情比较好的情况下，资产负债率才比较低。从这个角度来看，该公司比其他公司更值得投资。可见，稳定偿债能力是非常重要的。

6.3　精读商业计划书

在绝大多数情况下，商业计划书是创业者与投资者进行沟通的重要文件，其内容对双方都非常关键。投资者在投资前应精读商业计划书，以便做出更科学的投资决策。

6.3.1　审核商业计划书的核心内容

一份 PPT（PowerPoint，演示文稿）形式的商业计划书通常不超过 20 页，除去图片和排版占用的空间，文字叙述其实很少。在如此短小的篇幅内，创业者应使用简洁的文字，让投资者在几分钟内了解自己的项目。这对创业者来说是极具挑战性的。

如果创业者对项目及其所处行业没有深刻的认识和透彻的思考，那么想把商业计划书写好几乎是不可能的。有些创业者直接把公司现状和项目情况填充到商业计划书的模板中，这样的商业计划书看似内容完整，实则缺乏逻辑，难以说服投资者。

如果创业者对公司、项目所处的行业和选择的商业模式等理解得如庖丁解牛般透彻，就可以撰写一份优秀的商业计划书。让投资者产生投资欲望的商业计划书既不能单调，也不能只描述某一个部分或环节，应该是一个逻辑严谨、内容完整、有说服力的商业故事。在评估商业计划书时，投资者通常需要重点审核以下核心内容。

（1）2W1H问题：Why now（为什么是现在）？Why me（为什么选择我作为投资者）？How to（要怎么做或做什么）？

（2）商业计划书中是否提供了实现商业目标的事实依据？不能只是纸上谈兵或泛泛而谈。

（3）商业计划书中有没有遗漏团队构成、产品介绍、市场分析、目标用户判断、联系方式等内容？

商业计划书不仅是分析的艺术，还是细节的展示，甚至可以决定项目的成败。投资者应该专门拿出一部分时间对商业计划书进行可行性分析，慎重考虑要不要投资。

6.3.2　重点关注渗透率和市场占有率

公司的利润增长一般有两个来源，一个是变得更大的"蛋糕"，另一个是"切"得更大的份额。前者与市场发展、产品升级息息相关，后者与公司的竞争优势有密切联系。渗透率是体现市场处于哪一个阶段的重要指标，可以作为投资者做出投资决策的依据。

在整个市场生命周期中，随着渗透率的不断变化，市场会经历引入、成长、成熟、衰退 4 个阶段。在通常情况下，渗透率低于 10%，意味着市场刚刚引入产品，有很强的不确定性，并且产品的性能可能不够完善，许多公司可以蜂拥而来；渗透率高于 10%，意味着产品有较高的性价比，市场前景开始展现；渗透率为 70%～80%，意味着市场逐渐成熟，用户对产品的需求趋于理性；之后，渗透率的提升速度逐渐减慢，形成一条完整的 S 形曲线。

大多数投资者偏爱渗透率快速提高的市场发展阶段，在这个阶段，他们可以同时获得业绩增长和估值提升两方面的收益。我国经济处于快速发展的过程中，几乎所有市场都经历过渗透率快速提高的阶段，中小型公司往往有更广阔的成长空间。因此，一些投资者非常愿意对中小型公司给出高估值，这是建立在对渗透率不断提高的憧憬之上的。

随着经济的持续发展，一些市场已经进入了成熟阶段。在这个阶段，公司之间的竞争逐渐从渗透率竞争转化为市场占有率竞争。例如，2009 年左右，智能手机开始在中国普及，很多智能手机公司与苹果、三星一样，充分享受了渗透率快速提高的红利。

不过，随着市场逐渐成熟，渗透率趋于稳定，一些不知名的智能手机公司已经销声匿迹，最终由行业巨头瓜分市场份额。由此可见，进入市场占有率竞争阶段，行业巨头将具备更大的竞争优势，这些优势体现在品牌、规模效应、技术投入等方面。

大多数行业的竞争会经历从渗透率竞争到市场占有率竞争的转化过程，在这个过程中，行业巨头会在市场中分到更大的"蛋糕"。这也是在市场越来越成熟后，行业巨头能享受估值溢价的关键原因。投资者在投资时应分析市场的发展阶段，想清楚是对行业巨头投资，还是对中小型公司投资。

6.3.3　不可忽视收益分配

收益分配指的是将公司的净利润按照一定的分配形式和分配顺序，在公司和投资者之间进行分配。它直接关系到投资者的利益，在审核商业计划书时，投资者应重点关注这部分内容。那么，收益分配具体包括哪些内容呢？

1. 每年可供分配的收益来源

公司每年可供分配的收益由以下 3 个部分组成。

当年实现的净利润：这是可供分配收益的重要来源，与损益表中的"年度净利润"一致。

年初未分配利润：指截至上年年末累计的未分配利润，是可供分配收益的重要组成部分。

其他转入：主要指盈余公积转入。在当年没有利润且年初未分配利润不足时，为了让股东对公司保持信心，公司可以在遵守法规的前提下，将盈余公积转入收益分配。

2. 每年收益分配的顺序

根据相关法律的规定，公司的当前收益应该按照"弥补以前年度亏损—提取法定盈余公积金—提取法定公益金—支付优先股股利—提取任意盈余公积金—支付普通股股利—转作资本（股本）的普通股股利"的顺序来分配，以上顺序通常是不能改变的。

3. 每年年末公司的未分配利润

在对公司当年实现的净利润进行上述分配后，如果仍有余额，就是公司当年的未分配利润。当年的未分配利润和年初未分配利润的合计数，就是当年年末未分配利润的累积数。

为了顺利获得投资，创业者通常会将收益分配情况体现在商业计划书中。投资者应对其进行分析和审核，确保自己可以得到应有的回报。

6.3.4　投资者为何喜欢 Airbnb 的商业计划书

Airbnb 早期的商业计划书只有 14 页 PPT，却清晰地阐明了 Airbnb 的商业模式及其可以解决的问题。与如今某些创业公司动辄几十页甚至上百页 PPT 的商业计划书相比，Airbnb 的商业计划书文字简练、条理清晰，让投资者看得很舒服、轻松。

凭借着出色的商业计划书，Airbnb 成功获得了 50 万美元的天使轮融资，成长为如今市值上百亿美元的公司。下面，我们来看一看这家著名公司的商业计划书到底有什么过人之处。

第 1 页：直接阐述图标设计，没有花哨的美化修饰，如图 6-1 所示。

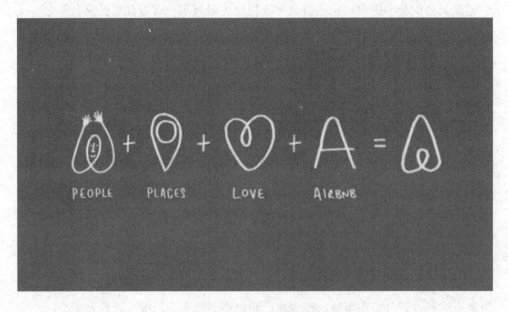

图 6-1　Airbnb 的图标设计

第 2 页：阐述当前的旅行房屋租赁市场待解决的问题。

第 3 页：直面问题，提出 Airbnb 的独特解决办法，通过科学的租赁方案保障用户的安全，为房东制定监控名单制度并进行背景核查，为用户入住做好充分准备。

第 4 页：给出相关数据，证明项目可行，从市场验证的角度说明 Airbnb 的用户规模。

第 5 页：描述当前的市场规模。

第 6 页：展示 Airbnb 已经上线的产品，对订房流程进行详细说明。

第 7 页：以数据化的方式展示 Airbnb 的盈利模式。

第 8 页：列出 Airbnb 的推广方案，如通过德国"十月啤酒节"、德国汉诺威工业博览会和欧洲杯等事件来推广，通过合作伙伴来推广，通过在 Craigslist 中同步发布房源来推广。

第 9 页：展示 Airbnb 的竞争对手，从 Airbnb 的价格优势和线上交易优势等方面进行分析。

第 10 页：展示 Airbnb 的"秘密武器"，介绍 Airbnb 与其他竞争对手相比有何优势，主要从房屋位置优越、房东积极参与、每间房屋只发布一次、订房操作方便等方面进行说明。

第 11 页：介绍 Airbnb 的 3 位核心成员和各自的职责。

第 12 页：展示 Airbnb 已经取得的成就，证明其投资潜力。

第 13 页：把用户对订房服务的评价直观呈现在商业计划书中，这样的方式更容易打动投资者。

第 14 页：以图表的形式展现 Airbnb 的融资条件和愿景，明确表示希望融资金额能帮助 Airbnb 撑过 12 个月，并把交易量提高到 8 万笔。

Airbnb 的商业计划书非常简洁，投资者往往更喜欢看这样的商业计划书。一份优秀的商业计划书应该多运用数据和图表，尽可能直接阐述公司的诉求。

6.4 对被投公司进行价值评估

投资者需要对公司的实物资产、无形资产等进行渠道评估、财务报表评估、法务情况评估，以确定是否做出投资决策。

6.4.1 渠道评估：分析公司的渠道能力

渠道既是触达并转化用户的媒介，也是公司发力比较多的一个环节。对于投资者来说，分析公司是否已经找到合适的渠道至关重要。渠道代表着公司的营销水准和营销覆盖的范围。事实上，很多公司的产品质量水平非常接近，在渠道能力上却相去甚远。

在互联网不断发展的背景下，创新性和多元化可以更加凸显渠道的影响力。例如，内容渠道在治愈心灵方面有天然优势，如果公司可以将媒体平台作为载体，进行持续的价值观传达和品牌传播，那么该渠道将在很长一段时间内为公司和投资者带来利好。

渠道的本质是促使消费行为更好、更快地发生。对于用户来说，每一种消费行为都是一种表达。既然有表达，就会被看见，进而产生被认同的需要。如果能把握这些机会，就会创造更大的渠道价值。美国市场营销协会曾经定义"渠道"，将其级别和结构分为以下几种，如表 6-1 所示。

表 6-1　美国市场营销协会定义的渠道级别和渠道结构

渠道级别	渠道结构
零级	生产者→用户
一级	生产者→零售商→用户
二级	生产者→批发商→零售商→用户
三级	生产者→代理商→批发商→零售商→用户
	生产者→批发商→中间商→零售商→用户

当某种产品的产能超过市场需求时，要想将产品卖出去，必须依赖渠道。其中，面向公司的"to B"业务是代理商，面向用户的"to C"业务是零售商。基于此，规模化的大型仓储超市和连锁商店迅速发展，掌握了一定的话语权和定价权，逐渐对上游形成了控制。

如果产品质量是"第一生产力"，渠道就是"第二生产力"。在"渠道为王"的时代，如果公司的产品能在商场、超市、服装批发市场、专卖店等重要渠道占据较大的比例，产品数量多、货架面积大，那么公司很容易赚钱。因此，投资者在投资时要重点考察公司的渠道情况。

6.4.2　财务报表评估：审核 3 张财务报表

财务报表包括资产负债表、现金流量表、损益表。其中，资产负债表可以展示公司的资产、负债、所有者权益等情况。通过对这些情况进行审核，投资者可以了解公司的财务结构是否合理和公司是否具备承担风险的能力。

现金流量表可以反映一定时期内，公司的经营活动、投资活动、筹资活动对现金和现金等价物产生的影响。在市场经济条件下，现金流的多少直接影响着公司的生存和发展。投资者审核现金流量表，可以了解公司的支付能力、偿债能力、盈利能力，根据各项现金流的多少和比例变化，投资者还可以发现公司在经济活动中存在的问题，并帮助公司及时改正相关问题。

损益表是体现公司收入、成本、费用、税收情况的财务报表，可以反映利润的构成和实现过程。投资者可以通过损益表了解公司的经营业绩，预测公司的未来利润。此外，损益表还为公司分配利润和提升管理水平提供了重要依据。

在实际的投资过程中，很多初创公司的财务流程尚不规范。除了分析上述 3 张财务报表，投资者还应关注以下几个要点。

（1）持续经营性。对于公司来说，稳定、持续地经营下去是重中之重。稳定的现金流和较高的速动比率是确保公司有充足资金和较强变现能力的重要指标。

（2）收入增长速度。如果投资者想投资初创公司，那么主要任务是验证其商业模式是否正确和产品的市场接受度是否足够高。收入增长速度正是对二者的绝佳证明，收入增长对公司非常重要，这是对公司价值的关键证明。

（3）内部控制情况。一些初创公司往往不重视内部控制这一规范公司的有效方式，它是公司快速发展的保障。如果公司内部控制薄弱，那么在未来的转型和升级过程中，公司将耗费大量的精力和财力来弥补漏洞。严格的内部控制是财务报表真实、准确地反映经营活动的重要保证，投资者应关注这部分内容。

6.4.3　法务情况评估：公司主体和资产权利

审核公司主体是消除法律隐患的重要举措，主要包括以下 3 项工作。

（1）审核公司成立程序，包括成立时间、注册资本、是否合法成立、是否经历过股权变更、公司章程及其修正次数等内容。做这项工作主要是为了确保公司成立程序合理、合法，否则很可能为投资者"埋雷"。

（2）审核经营范围。公司的经营范围与其未来发展息息相关，是投资者必须重视的内容。如果公司已经研发出产品，但市场影响力不够大，那么投资者应更加注重对其经营范围的考察。有时候，投资者可能会根据实际情况，要求创业者放弃一部分业务或缩小经营范围。

（3）审核相关证照。以运营网站的公司为例，按照法律规定，网站运营者需要在国防部门备案，如果是电商网站，那么还需要进行 ICP（Internet Content Provider，因特网内容提供商）备案。对于酒店、饭店、房屋租赁、金融等特殊行业的公司，投资者审核相关证照的目的在于确定公司是否具备行业资质。如果公司在不具备行业资质的情况下获利，那么可能涉嫌非法经营。

除了审核公司主体，投资者还要审核公司的资产权利（如商标权、域名、App 名称等）。投资者当然希望自己投资的公司资产权利完整，然而，很多公司在资产权利方面存在问题。例如，有一些创业者花费了大量的时间和资金设计商标，却因为与注册要求不符而无法注册；还有一些创业者不但无法注册商标，反而被他人控诉侵害了对方的商标权，被要求赔偿一大笔侵权费。

如果发生上述情况，那么创业者将不得不更换商标，很可能影响投资流程。

如果投资者能在投资前做好审核，商标方面的问题其实很容易就可以避免。例如，投资者可以咨询专业的商标代理机构，分析公司的商标是否存在问题。

需要注意的是，如果公司从事的是跨境业务，那么投资者不仅要在中国境内进行商标审核，还要在境外主要营业地进行商标审核。如果投资者投资的是互联网公司，那么还要审核域名注册情况（域名注册得越早越好，而且最好和公司名称、品牌名称相同或相近）。

总而言之，投资者应该在投资之初对公司主体和资产权利进行审核。实际上，即使投资者没有对公司投资，公司主体的合法性和资产权利的完整性也能帮助公司获得更持久的发展。

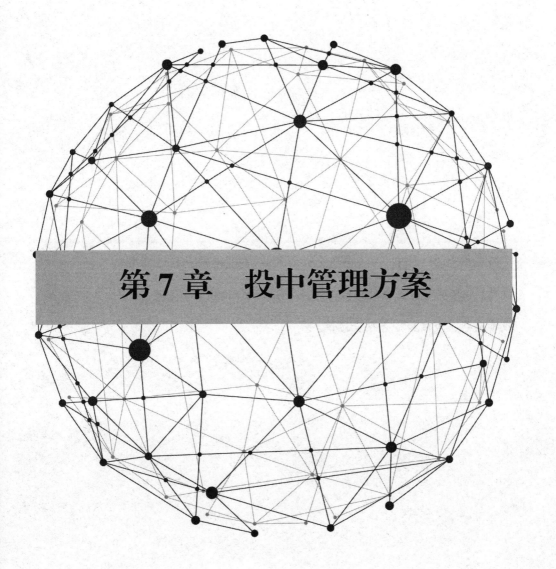

第 7 章　投中管理方案

在投资的过程中，为了争取更大的利益，投资者应积极进行规划设计，包括确定被投公司的估值计算方法、设计股权分配方案、开展投资谈判、审核和签署投资协议。

7.1 确定估值计算方法

估值是投融资和交易的前提。采用不同的估值计算方法可以得出不同的估值，一般包括现金流折现法、市盈率倍数法、用户数法和流水法。

7.1.1 科学估值：现金流折现法

现金流折现法是指通过计算公司未来可能产生的全部现金流折现值对公司进行估值的方法。在采用现金流折现法前，投资者应了解两个概念，即自由现金流和折现率。

自由现金流是指在公司实现盈利后，减去盈利中为了维持业务周转必须投入的成本所剩余的净利润。折现率是指将未来有限期预期收益折算成现值的比率。投资者可以根据当年的净利润和折现率计算公司的预期市值。

现金流折现法更适用于即将上市的成熟公司，对于初创公司，这种估值方法具有较大的不确定性。初创公司的现金流预测通常是不太精准的，在不确定的现金流预测的基础上计算出来的估值，自然不太可信。

7.1.2 简单估值：市盈率倍数法

市盈率倍数法的计算公式为：公司市值=公司收益×市盈率倍数。例如，某公司上一年的利润是 500 万元，采用 10 倍市盈率，该公司的市值是 5000 万元。

市盈率倍数法的优点是直观、简单，很容易获取数值和计算，便于投资者在不同股票之间进行比较。其缺点是有被误用的风险，如在公司收益或预期收益为负值的情况下，该方法不适用。

此外，市盈率倍数法将短期收益作为参数，而短期收益往往不能直接反映公司的发展前景。这意味着该方法难以准确反映公司运用财务杠杆的水平，容易造成较大的误差，导致投资者做出错误的投资决策。

7.1.3 新型估值：用户数法和流水法

虽然互联网公司呈现快速增长趋势，但是对它们的估值不太准确。在对互联网公司进行估值时，比较常用的方法有用户数法和流水法。例如，投资者对某游戏公司的营业收入进行预测，预测公式为：营业收入=付费用户数×付费用户月均消费值。

游戏推出后，付费用户在测试期、成长期的增长速度较快，并逐渐将公司的营业收入推向顶点。此后，公司如果能保持较多的付费用户数，就可以保持相对稳定的利润。在游戏进入衰退期、付费用户数减少时，投资者可以选择退出。

互联网公司的创新模式频出、发展周期短、更替速度快、变化幅度大，这些特点提高了估值难度，评估机构也难以参与估值工作。因此，与一般公司的估值方法不同，互联网公司的估值方法还需要进行不断的摸索和创新。

7.2　设计股权分配方案

对于投资者来说，投资不是只要把钱投出去就万事大吉了，还需要考虑股权分配问题。在团队比较完整、项目比较有前景的情况下，投资者应关注股权分配情况。合理的股权分配不仅可以反映公司的现状，还可以预见公司的未来发展。

7.2.1　股权架构要科学、合理

1994 年，4 个年轻人（张勇夫妇和施永宏夫妇）在四川省简阳市创办了一家只有 4 张餐桌的小火锅店，这就是海底捞的前身。截至 2021 年，海底捞已经在全球范围内拥有上千家门店，受到广大消费者的欢迎，并作为龙头餐饮品牌入选哈佛商学院经典案例。

虽然海底捞后来发展得很好，但是在早期，几个合伙人没有创业经验，采取了错误的股权均分策略，导致股权架构存在一定的问题。后来，张勇意识到了股权分配问题，选择回购施永宏夫妇的股权，形成了以自己为主、以施永宏为辅的科学的股权架构。

如果张勇没有及时调整股权架构，那么海底捞现在可能已经倒闭了。这在一定程度上说明了股权架构对公司的重要性，投资者在投资时需要关注股权架构。那么，投资者应该如何评估股权架构是否科学呢？可以参考以下 3 个标准，如图 7-1 所示。

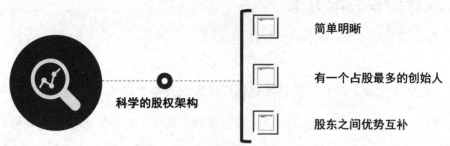

图 7-1　科学的股权架构需要满足的 3 个标准

（1）简单明晰。"简单"是指股东数量尽量不要太多，对于初创公司来说，两三个股东是比较科学的配置，这样在沟通时可以形成"缓冲地带"。"明晰"是指股东数量、股权比例、代持人、期权池等要划分得明白清晰。

（2）有一个占股最多的创始人。在所有股东中，应该有一个占股最多的创始人，也就是团队的"带头大哥"。如果团队中没有一个掌握话语权的组织者、领导者，团队就会成为一盘散沙，既不利于公司的长远发展，也会对投资者的收益产生很大的负面影响。

（3）股东之间优势互补。股东之间优势互补，有助于形成一个睿智而能力全面的领导团队。例如，任正非可能不太精通技术，不过在他的合伙人中不乏技术、运营、营销等方面的专家，这就是华为团队成员之间的互补优势。任正非作为一个商业领袖，既具有独特的思维模式，能够做出有远见的决策和战略布局，又具有超凡的语言天赋，能够获得各种人才的有力支持。在其他股东专业能力互补的情况下，任正非的优势可以更充分地体现出来。

由此可见，投资者最好不要选择成员优势重合的团队，这样既可能造成人才资源浪费，又容易在同一专业领域内引起分歧。为了项目的正常运行和公司的长

远发展，绝对不能股权均分，投资者必须高度警惕这种"一碗水端平"的股权
架构。

7.2.2　股权架构不合理的风险

2012 年，在西安交通大学的北京校友会上，孟兵、宋鑫、罗高景 3 个血气方
刚的年轻人相识了，"西少爷"的故事由此展开。孟兵曾经先后在腾讯和百度担任
高级工程师；宋鑫原本就职于一家投资机构，后来萌生了创业的想法；罗高景是
一名 IT 从业者，熟练掌握计算机技术。经过深入讨论，3 人一拍即合，踏上了合
伙创业之路。

2013 年，3 人成立了第一家公司。因为业绩不佳，首次创业仅持续几个月便
宣告结束。后来，3 人将创业方向定为肉夹馍。在详细的调查和缜密的部署下，第
二次创业拉开了帷幕。在第二次创业中，袁泽陆加入了创业团队，创业团队由 3
个人变成 4 个人。

2014 年，西少爷肉夹馍店在北京五道口正式开业，开业当天就卖出了 1200 个
肉夹馍。这家店铺用互联网思维卖肉夹馍，生意非常火爆，吸引了很多媒体和投
资者的关注。在媒体面前频频亮相后，许多投资者主动与西少爷联络，当时其估
值为 4000 万元。

在肉夹馍业务发展趋于稳定时，4 人认为应该扩大业务，可是他们缺乏资金
的支持。后来，4 人一致同意通过融资的方式来获得扩大业务所需要的资金。然
而，在引入投资、协商股权的过程中，他们之间的矛盾被彻底激化了。

孟兵想让自己的投票权是其他人的 3 倍，其他人对孟兵的这一要求表示不能接受。经过协商，罗高景、袁泽陆表示可以接受孟兵拥有 2.5 倍的投票权，而宋鑫表示除非得到投资者的肯定，否则不能接受这样的要求。因为没有达成一致意见，所以这件事情被搁置起来。

后来，孟兵、罗高景、袁泽陆要求宋鑫退出团队，他们既没有召开股东大会，也没有正式宣布结果，只是在微信上将这件事情告知宋鑫。之后，4 人再一次聚到一起，就这件事情进行商谈。孟兵、罗高景、袁泽陆提出用 27 万元和 2% 的股份回购宋鑫手中 30% 的股份。宋鑫没有同意，他提出要 1000 万元。

在整件事情中，孟兵处于"风暴中心"。异常冷静、鲜少发声的他在媒体的追问下，只说了这样一句话："这件事情给我最大的教训是股权分配一定要合理，否则就是给公司埋下了一颗'定时炸弹'。"仔细想一想，这句话确实非常有道理。

一拍即合的合伙人在成立公司时，往往秉持着"好朋友之间不应该过于计较"的原则，即使西少爷的股权分配缺乏一定的严谨性和科学性，在他们看来也不是什么大事。然而，随着公司的发展和变革，曾经最好的朋友由于种种原因而心生隔阂，甚至反目成仇。

可见，如果不重视股权分配，那么不仅会影响公司的发展，给团队的关系蒙上一层"阴影"，还会让投资者蒙受损失。西少爷就是一个非常典型的案例。

这个案例提醒投资者，在对公司（尤其是合伙公司）投资时，必须警惕合伙人之间因为朋友情谊而忽略股权分配方案合理性的问题。对于运营过程中可能出现的问题，投资者应该提前预测，并制定相应的解决措施。"先小人后君子"是对公司负责的表现，这样会使股权分配更合理，并在更大程度上推动公司朝着良好的方向发展。

7.2.3　动态股权分配，拒绝不公平

随着投资者、股东、管理者、员工的增多，利益分配问题会越来越复杂。例如，几个人一起开公司，商定平均分配股权。然而，其中一个人做了所有工作，其他人什么都不做，到年底还想正常分红，那个做了所有工作的人会同意吗？答案显而易见。

如果公司在创立初期实行静态股权分配，那么到发展后期很容易出现一部分成员认为自己的贡献与收益不对等的情况。由此导致的后果是，要么这部分成员消极怠工，要么矛盾激化、陷入僵局。公司内部不能维持平衡，怎么能有更好的发展呢？

在一家公司里，每个人的能力不一样，贡献也不一样。如果不明确股东对公司的具体贡献，仅根据出资比例确定股权，那么贡献较多的股东必然是不甘心的。于是，动态股权分配应运而生。动态股权分配指的是对股东之间的股权进行动态调整，即股权不是一次性确定的，而是根据公司的发展不断改进的，目的在于公平分配公司的利润。实行动态股权分配需要注意以下 3 个要点。

1. 确定公司什么时候可以产生价值

不同公司产生价值的时间不同，通常有明显的节点，这些节点也被称为"里程碑"。常见的里程碑包括融资金额、日活跃用户数、月活跃用户数、商品交易

总额等。

2. 计算股东为公司做出的贡献

股东的贡献是指股东为公司提供的资源，如现金、未领取报酬的劳动服务、办公场地、生产设备、知识产品、融资担保等。公司应该对这些资源进行计算，根据其价值为股东分配股权。需要注意的是，不是所有贡献都能作为股权分配的依据，如超出实际需要的资金或创意等不能作为股权分配的依据。

3. 设置变量，调整投入要素的价值

投入要素的价值会根据公司发展阶段的不同而变化。例如，在公司创立初期，资金、场地的估值比较高，到了发展的中后期，核心技术、人才的估值比较高。这些投入要素的估值变化会使公司的股权发生变化，这也是股权分配产生矛盾的原因之一。

要想解决上述问题，公司可以设置变量。在一般情况下，资金不能被看作变量，因为投资者对公司投入的资金是有具体数额的，应该按照估值换算成股权，分配给投资者。其他要素（如技术、人力、社交资源等）属于变量，这些要素会随着公司发展阶段的不同而拥有不同的价值。

此外，创始人还要注意，不能把所有股权都分配出去。原因如下：公司还在发展，后续可能引入其他人才和投资者，需要为他们预留一部分股权；某些股东可能前期贡献较多，到了中后期贡献减少，在这种情况下，创始人要为这部分股东留出调整股权的空间。

7.3　开展投资谈判

投资谈判是投资过程中的重要环节，投资者投入多少资金和公司出让多少股权，都是通过投资谈判来协商确定的。

7.3.1　了解创业者的故事

每个人都有属于自己的故事，创业者也不例外。创业之路通常不是一帆风顺的，在这条路上既有成功，也有失败。无论是成功还是失败，都是创业者的经历和故事，后来者可以从中吸取经验、获得启发。

创业者的故事往往会影响投资者的投资决策。从创业者的故事中，投资者可以看出创业者某些内在的品质，如坚强、睿智、勇敢、冷静、不服输等。因此，要想充分了解创业者，投资者不妨从关于他们的故事入手，试着通过故事找到创业者的闪光点。

7.3.2　协商投资金额

在投资者和创业者谈判的过程中，可能会出现一种现象，即谈判时创业者完全接受投资者提出的投资金额，当谈判结束后，创业者却抱怨投资者的投资金额过低。这种现象非常不利，投资者必须及时采取措施，不能让这种现象影响投资进程和自己的情绪。为此，投资者应该在与创业者谈判时协商好投资金额，提出自己对股权分配的要求，以免创业者事后反悔。

对于投资者和创业者双方来说，估值都是一件大事。双方在就估值进行协商时，可以运用一些报价技巧。例如，在谈判初期，投资者最好把投资金额报低一些，这样可以为谈判留出周旋的余地。因为在谈判的过程中，创业者往往会在合理的范围内提高估值，不太可能降低估值。

此外，投资者还可以根据创业者的目标估值调整投资金额。具体来说，创业者给出的目标估值比投资者心里的估值高多少，投资者的投资金额就可以比创业者的目标估值低多少。这样，投资者可以在创业者试图提高估值时，争取更大的谈判空间。

7.3.3　用实力说话才是"王道"

在投资谈判的过程中，投融资双方之间进行的不只是谈判桌上的面对面谈判，更多的是谈判桌下交易实力的对弈。聪明的创业者会用实力说话，吸引投资者增加投资金额。例如，谷歌在需要资金进行市场扩张时，在展示实力的基础上完成了谈判。

当时，谷歌受到了很多用户的欢迎，搜索量不断增长，用户使用频率越来越高，获得了媒体的广泛关注。因此，投资者看到了谷歌的实力，对投资谷歌很有兴趣。

在第一次和投资者谈判股权问题时，谷歌的联合创始人拉里·佩奇和谢尔盖·布林向红杉资本的合伙人迈克尔·莫里茨表明了立场，即他们准备融资2500万美元，出让谷歌20%的股份。这次谈判的结果是迈克尔·莫里茨接受了他们的报价，投资 2500 万美元，获得谷歌 20% 的股份。

后来，拉里·佩奇和谢尔盖·布林向另一家投资机构 KPCB 发出了邀约。这次谈判的结果是，KPCB 的合伙人约翰·杜尔与红杉资本的迈克尔·莫里茨做出了同样的决定。最终，谈判实现双赢，约翰·杜尔在谷歌上市后获得了高额回报。

对于谷歌的这两次谈判，作家戴维·怀斯评论道："所有的迹象都表明，谷歌的两位创始人做了一笔非常成功的生意，他们顺利拿到了谷歌发展所需要的资金。"

通过分析谷歌的案例可以看出，投资者应该在谈判前充分了解创业者的实力。如果创业者的实力足够强，那么即使多提供一些资金和资源也未尝不可。红杉资本、KPCB 的合伙人之所以比较爽快地答应了拉里·佩奇和谢尔盖·布林提出的融资条件，一个非常重要的原因是他们看到了谷歌的实力及其在搜索引擎市场中的优势地位，这些足以确保他们得到较高的投资回报。

7.3.4　设计影响谈判结果的交易要素

在谈判的过程中，创业者、投资者的利益在彼此的妥协和坚持中来回变化。投资者作为其中一方，应当客观看待自己与创业者的关系，理性面对自己与创业者之间的博弈，仔细设计影响谈判结果的交易要素，如图 7-2 所示。

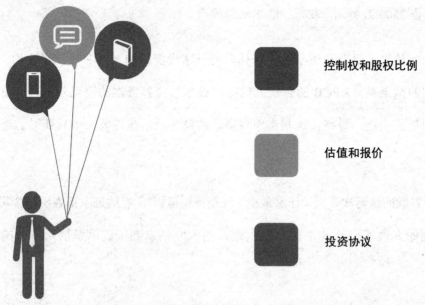

控制权和股权比例

估值和报价

投资协议

图 7-2　影响谈判结果的交易要素

（1）控制权和股权比例。控制权和股权比例对谈判结果的影响非常大。如果股权比例不合理，那么投资者将无法与创业者达成一致意见，创业者可能面临失去控制权的风险。投资者应判断公司有没有科学、合理的股权架构，并确保公司可以适当地灵活调整控制权和股权比例。

（2）估值和报价。在谈判的过程中，估值非常重要，投资者应当根据公司估值报出合理的投资金额。

（3）投资协议。关于投资协议，双方可以直接表达各自的意见。例如，创业者认为自己无法达到对赌条件，投资者可以要求其说明原因，并根据实际情况适当放宽条件；创业者不想按照投资者的要求进入新领域，投资者也可以要求其给出理由；等等。

如果谈判达成了某种结果，那么双方必须认可该结果。有一些投资者不明白这个道理，一味向创业者提要求；还有一些投资者甚至与创业者产生了难以调和的矛盾，最终酿成无法挽回的后果。无论是上述哪一种情况，投资者都应该避免，尽力维护双方的利益。

7.4　审核和签署投资协议

签署投资协议是投资前至关重要的环节，某些不易察觉的风险往往隐藏在投资协议中。投资者在审核投资协议时，需要重点关注经济因素、控制因素、关键节点等条款。

7.4.1　审核经济因素条款

在审核投资协议时，投资者应该从经济因素条款入手，以更好地保障自己的收益。这类条款通常涉及两个重点，即估值条款和优先清算权条款。

1. 估值条款

估值条款通常包括公司的投前估值金额、投资者对公司投资的金额，以及投资完成后投资者占有的股权比例。估值条款是一项非常核心的条款，可以解决投资者"花多少钱、买多少股、分多少钱"的问题。该条款看似简单，实则有很多细节需要投资者注意。

例如，投资者通常要求自己在投资完成后的股权比例不能被"完全稀释"。"完全稀释"指的是公司向员工或其他投资者发行了期权、认股权证、可转债等，从而冲淡了原每股盈利的现象。

投资者在确定投资完成后的股权比例时，需要考虑已经发行的期权、认股权证、可转债等。如果投资者没有留意这一点，只是笼统地在投资协议中约定"投资 1000 万元，占公司 10%的股份"，那么投资者的股权将被稀释。

2. 优先清算权条款

在投资协议中加入优先清算权条款，可以维护投资者的利益。优先清算权条款有两个重点，即优先清算的具体数额和行使优先清算权的方式。以行使优先清算权的方式为例，主要有 3 种方式，分别是不参与分配的优先清算权、完全参与分配的优先清算权、附上限参与分配的优先清算权。

在发生清算事件时，以上 3 种方式对应的不同规定会对投资者的退出回报产生非常大的影响。例如，享受完全参与分配的优先清算权的投资者，不仅可以获得优先权约定分配额，还可以根据自己的持股情况，与其他股东按照股权比例分配剩余变现款。也就是说，投资者除了能够得到一定倍数的回报，还有权利按照股权比例分配剩余变现款。

7.4.2 审核控制因素条款

控制因素条款规定了投资者对公司和创业者进行限制的相关情况，阐明了投资者的权利和义务。该条款主要涉及以下几项内容。

1. 限制创始人权利

投资者限制创始人权利的方式有两种：股权成熟，即约定创始人的股权兑现与其在公司的工作时间挂钩，只有达到一定的时间条件，其股权才不再受限；全职工作和竞业禁止，目的是确保创始人对公司经营、管理投入足够多的精力和时间。此外，出于保护知识产权和商业机密等方面的考虑，投资者还可以限制创始人在任职期间和离职后投靠竞争对手。

2. 优先认购权条款

投资者如果享有优先认购权，就可以在其他投资者进入或自己的股权比例即将被稀释时行使此权利，从而进一步增资，或者防止自己的股权比例被过度稀释。

3. 保护性条款

一些投资者在成为公司的小股东后，往往既不参与公司的日常经营和管理，也没有足以影响股东会或董事会决策的股权。为了保护自己作为小股东的权益，投资者可以要求自己对涉及切身利益的重大事项拥有一票否决权。对于投资者来说，甄别哪些事项是核心否决事项和哪些事项是可选否决事项非常重要。对于可选否决事项，投资者可以适当让步，这样更容易推动投资成功。

4. 回购权条款

回购权条款是指在符合一定的前提条件或触发某种约定的回购事项时，由他人（如被投公司、创始人、股东等）回购投资者所持股权的条款。如果双方签署了对赌条款，那么回购权条款和业绩补偿将被一并约定在其中，这也是投资者退出的一种方式。

5．领售权条款

领售权是指如果达到约定的条件，那么一个或多个享有领售权的股东在将其所持股权出售给第三方时，有权要求其他股东以相同的价格和同等的条件出售股权。例如，俏江南与鼎晖投资的投资协议中有领售权条款。鼎晖投资虽然只持有俏江南 10.53%的股份，但是在领售权条款的保护下，如果其将持有的股权出售给投资机构 CVC，俏江南创始人张兰就必须跟随出售其持有的俏江南 72.17%的股份。由此可见，领售权条款确实威力巨大。

与此同时，由于张兰出售的股份比例超过了 50%，导致控制权变更，因此又触发了另一项条款——优先清算权条款。也就是说，出售俏江南获得的收益不是完全归属于张兰的，而是需要优先保证鼎晖投资有一定比例的收益，其余收益才可以分配给张兰。大多数投资协议都是如此，"牵一发而动全身"，双方在签署投资协议时必须慎之又慎。

7.4.3　确认并签署投资协议

某些投资者只要遇到发展潜力大、收益丰厚的项目，就想当场签署投资协议。对于创业者来说，这当然是一件求之不得的事，因为这样可以节省路演、寻找其他投资者需要耗费的时间和精力。对于投资者来说，则不应该一遇到好项目就开心、激动。当投资进行到签署投资协议这一环节时，创业者与投资者之间的博弈逐渐接近尾声。不过，越是这样，投资者越要擦亮双眼，仔细审核投资协议，避免落入陷阱。

　　投资者除了要审核经济因素条款和控制因素条款，还要与创业者确认资金到账的时间，并商议投资决策的周期。双方提前把一些关键节点"摆到桌面上"说明白，并将其体现在投资协议中，是一种对彼此负责任的表现。

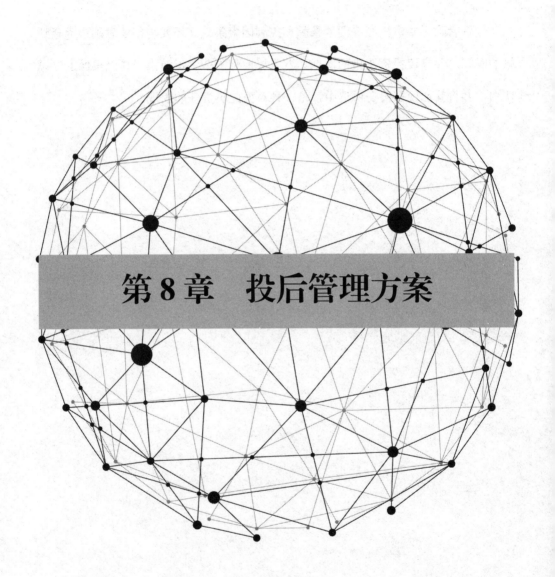

第 8 章　投后管理方案

在投资完成后，投资者就可以坐享其成了吗？当然不是，一些投资者会参与公司的运营。即使不参与公司运营的投资者，也要时常了解公司的变化，以确定后续是否追加投资或撤资。

8.1 投后管理的 3 个维度

投资者需要经常关注被投公司 3 个维度的变化，分别是现金流变化、项目经营情况变化、团队关系变化，以便进行针对性管理。

8.1.1 现金流管理：了解现金流变化

现金流是公司的"血脉"，它是流动的，会随时变化。如表 8-1 所示，在不同时期，公司的现金流在经营活动、投资活动、筹资活动中会有不同的表现形式。投资者需要通过现金流变化判断公司的运营情况。

表 8-1 不同时期的现金流表现形式

经营活动	投资活动	筹资活动	运营情况判断
现金流为正	现金流为正	现金流为正	发展期：主营业务稳定且占主要地位，没有可供投资的项目
现金流为正	现金流为正	现金流为负	产品成熟期：没有可供投资的项目，抗风险能力比较弱
现金流为正	现金流为负	现金流为正	高速发展期：仅靠经营活动产生的现金流无法满足公司的投资需求，需要筹集外部资金
现金流为正	现金流为负	现金流为负	经营状态良好：一方面偿还以前的债务，另一方面正在打造全新的盈利模式
现金流为负	现金流为正	现金流为正	衰退期：经营活动出现困难，需要依靠借款满足生产经营的需要
现金流为负	现金流为正	现金流为负	加速衰退期：市场萎缩，公司为偿还债务，不得不收回投资，已处于破产边缘，投资者应该高度警惕
现金流为负	现金流为负	现金流为正	如果是初创公司，那么说明其在投入大量资金开拓市场；如果是长期稳定公司，那么说明其财务状况具有不确定性
现金流为负	现金流为负	现金流为负	公司陷入严重的财务危机，极有可能破产

公司的现金流为正，无疑对投资者有益。不过，对于现金流过多的公司，投资者也要提高警惕。在很多国家，公司的所有权和经营权是分离的。经营公司的管理层不是股东，却可以为公司做决策，这样的决策不一定完全符合所有股东的利益。

现金流过多的公司也许是缺乏投资机会的公司。在这种情况下，合理的决策应该是把部分现金流分配给投资者，由投资者选择收益更丰厚、更有保障的投资渠道。这意味着管理层可以控制的资源将大幅减少，这是管理层不愿意接受的结果。

管理层通常希望把所有资源都掌握在自己手里。当公司的现金流比较多时，即使没有遇到值得投资的项目，管理层也可能把现金流分配给某些负净值的业务，这在一定程度上损害了包括投资者在内的股东的利益。目前，这种现象比较普遍，投资者需要重视。

8.1.2　经营管理：实时掌握项目经营情况

投资者对项目享有知情权。投资者积极参与投后管理、主动跟踪项目，有利于推进项目发展。对项目进行跟踪，要求投资者定期了解公司的经营情况，如果发现公司有重大不利变化，那么应该与创业者协商解决，保证公司和自己的财产不受损失。

公司的经营情况涉及资产、财务状况、负债、业务、运营、经营成果、客户关系、员工关系等要素。此外，财务报表、经营数据、三会（股东会、董事会、监事会）决议等文件也有利于投资者及时发现对项目发展不利的因素。在进行项目跟踪工作时，投资者需要了解的事项包括但不限于以下内容：重大合同；月度、季度、半年度、年度财务报表；三会决议；业务经营信息；重大的投资活动和融资活动；重要管理人员的任免；公司经营范围的变更；其他可能对公司生产经营、业绩、资产等产生重大影响的事项。

在项目跟踪的过程中，创业者和投资者的利益是一致的。投资者应该重视项目跟踪工作，一旦发现问题，就要主动与创业者协商，制定解决方案，避免项目失败。

8.1.3　关系管理：与创业团队建立伙伴关系

优秀的投资者往往愿意与创业团队建立伙伴关系，他们会遵循"只帮忙，不添乱"的投后原则，不会对所有事都不管不顾。在投资完成后，投资者如果把自己当作公司的一员，甚至把自己当作公司的创始人，就会形成"主人翁意识"，设身处地地维护自己和公司的利益。当投资者愿意基于平等的关系与创业者相处时，其提出的意见和建议会更加中肯。

例如，纽约游戏公司 OMGPOP 创始人查尔斯·福曼非常幸运地获得了有"硅谷教父"之称的传奇天使投资者罗恩·康威的投资。当 OMGPOP 一次次面临破产危机时，罗恩·康威不仅为其提供资金支持，还四处寻求让公司摆脱危机的方法，并给予创业团队充分的信任。查尔斯·福曼会认真倾听罗恩·康威的建议，他非常感谢罗恩·康威为公司付出的所有努力。

对于查尔斯·福曼来说，罗恩·康威是公司的战略合作伙伴。他们的合作成绩非常显著，OMGPOP 推出了社交游戏《你画我猜》，一夜爆红，成功以约 2 亿美元的价格将其出售给 Zynga。以查尔斯·福曼为代表的创业团队和以罗恩·康威为代表的投资者都获得了可观的回报，达到了双赢的良好效果。

无论是经验丰富的成熟创业者，还是初出茅庐的新手创业者，投资者一旦选中他们，就是看中了他们的个人能力和项目的潜力。投资者与创业者一起创业、成长，即使某个项目失败了，只要创业者坚定不移，总有一天会有所成就。

阿里巴巴、腾讯、聚美优品、eBay、PayPal 等互联网公司的成功，与创业初期投资者的不离不弃息息相关。对于投资者来说，如果投资了创业者的大量项目，却没有投资其唯一成功的项目，将是很遗憾的一件事。投资者应该意识到建立和维护创投关系的重要性，在遇到与自己合拍的创业者时，应给予其足够的空间，做好与其开展长期合作的准备，以求在将来的某一天实现双赢。

8.2　投后管理进阶：并购策略

并购是公司在市场竞争中经常采取的一种策略。公司的发展往往伴随着并购的发生，公司的扩张也以并购为标志。在并购的过程中，权利主体通过出让自身拥有的部分或全部控制权来获得相应的收益。本节将对并购相关事宜进行讲解。

8.2.1　通过并购增强实力

并购是公司增强实力的重要途径，包括协议并购、要约并购、竞价并购 3 种类型。

1. 协议并购

协议并购是指并购方在证券交易所之外，直接与目标公司取得联系，以谈判、协商的方式达成共同协议，从而实现并购目标公司股权的目的。协议并购的一般程序为"明确并购目的—选择目标公司—策划并购战术—成立并购小组—进行并购交涉—起草并购意向书—调查目标公司的资产、负债等情况—确定最终并购方案—正式签署并购合同"。

思科曾经以 69 亿美元的价格与 Scientific-Atlanta（以下简称"SA"）公司达成并购协议。SA 公司是当时世界上最大的机顶盒生产商之一，2005 年的销售额高达 19.1 亿美元。思科通过协议并购，在很短的时间内完成并购工作，从而避开与索尼、苹果、阿尔卡特等巨头对抗。在并购成功后，思科补齐了自己在视频技术领域的短板，可谓一举多得。

2. 要约并购

要约并购是国际上比较常见的并购类型，其并购对象为上市公司依法发行的所有股权，主要内容包括并购的价格条款、支付方式、期限、变更和撤销等。并购要约一经发出，便对并购双方具有约束力。不过，由于并购过程的复杂性，如果出现特殊情形，那么并购方可能会改变想法。这要求并购双方在并购前仔细考虑，谨慎签署并购要约。

3. 竞价并购

竞价并购有两个比较鲜明的特点：以现金为支付方式，并购方需要准备足够多的现金；并购方需要承担较大的资金风险。

无论是哪一种类型的并购，并购方都要想方设法降低并购成本。有效降低并购成本的方法有两种，第一种方法是双层出价，第二种方法是通过发行高收益债券获得融资。

双层出价包括两个阶段，第一个阶段是并购方用现金购买股票，使其达到控制权比例；第二个阶段是并购方用非现金购买剩余部分股票。在第二个阶段，并购方已经提前取得目标公司的控制权，无须担心其他并购方的竞争性出价，这样还可以促使目标公司的股东尽早出让股票。

8.2.2　并购的基本流程

要想做好并购工作，关键在于了解并购的基本流程。在一般情况下，并购需要经历决策阶段、目标选择、时机选择、初期工作、实施阶段、整合 6 个环节。

1. 决策阶段

公司通过与财务顾问合作，根据经营状况、资产状况、发展战略等，明确自身定位，确定并购战略。也就是说，公司需要对并购需求进行分析，以明确并购方向。

2. 目标选择

并购目标的选择有两种模型，即定性选择模型和定量选择模型。

定性选择模型：结合目标公司的资产状况、规模大小、品牌影响力，与本公司在市场、地域等方面进行比较，同时通过其他渠道收集目标公司的信息，做出进一步分析，避免落入并购陷阱。

定量选择模型：通过对数据的收集和整理，确定需要并购的目标公司。

3. 时机选择

并购方通过不间断关注目标公司，收集相关信息，对并购时机进行预测，并运用定性模型和定量模型进行可行性分析，确定并购时机。

4. 初期工作

并购方需要与目标公司所在地的政府沟通，争取获得支持，这一点对并购能否成功非常重要。此外，并购方还应该对目标公司进行深入审查。审查的内容主要是目标公司的资产情况，尤其是土地权属的合法性、债权债务情况、诉讼情况、税收情况、雇员情况、抵押担保、认股权证等。在审查上述情况时，会计师和律师的作用十分关键。

5. 实施阶段

在实施并购阶段，并购方需要与目标公司谈判，确定并购方式和支付方式（现金、资产、股权等），起草法律文件，并与目标公司协商并购完成后主要管理层人员的人事安排、原有职工的安置等相关问题，直至股权过户、交付完成。实施并购的过程主要包括产权交接、财务交接、管理权交接、变更登记等内容。

6. 整合

对于并购方而言，并购成功并不意味着结束，只有最终实现目标公司与自身资源的成功整合、充分调动，促进自身发展，产生预期盈利，才算真正完成了并购。

8.2.3　沃尔玛的整合之道

沃尔玛是全球著名的连锁零售商，总部位于美国阿肯色州的本顿维尔市。沃尔玛建于 1962 年，创始人是山姆·沃尔顿。沃尔玛之所以能够成为全球著名的连锁零售商，一个很重要的原因是实施了"纵向一体化"战略。

"纵向一体化"战略包括"前向一体化"战略和"后向一体化"战略。下面将从这两个方面分析沃尔玛的整合之道。

"前向一体化"战略体现在沃尔玛建立了自己的销售组织上，采用不同的营销方法，以适应不同国家的不同市场需求。从美国到中国，沃尔玛根据不同国家的风俗习惯调整出售的商品种类和商店陈设。

事实上，沃尔玛不是第一家进军海外的美国零售商，却是最成功的一家。西尔斯、凯马特等公司进军海外的时间比沃尔玛早了十几年，它们现在的发展状况却与沃尔玛大相径庭。

在"前向一体化"战略的基础上，沃尔玛还实施了"后向一体化"战略，其体现在沃尔玛采取的低成本措施上。"后向一体化"战略可以降低采购原材料的成本，增加原材料的可获得性和质量控制权，有助于解决库存积压和生产率下降的问题。

沃尔玛的经营理念是"天天平价"和"保证满意"。其中，"天天平价"的意思就是降低成本。对于零售业公司来说，成本领先是主导战略，是打败竞争对手、赶超领先者的决定性因素。因此，沃尔玛非常重视成本领先，致力于将成本领先转化为一种无法被竞争对手简单模仿、长期存在、深深根植于公司的竞争能力。

借助成本领先，沃尔玛形成了核心竞争力。成本领先意识在沃尔玛经营的方方面面都有所体现，如商店建设、从供应商那里低价获取货源，以及通过高速的分销系统为商店配送商品等。这为沃尔玛节约了大量成本，使其能以更低的价格将产品卖出去。

凭借"纵向一体化"的价值链、产业链和相关发展措施，沃尔玛一跃成为世界上最大的连锁零售商之一。如今，沃尔玛的商店和业务已经遍布全球各地。不仅如此，沃尔玛在生产、营销等方面也采取了新颖而独特的战略，为未来的发展奠定了更坚实的基础。

8.3 股权并购文书范例

本节介绍股权并购文书范例，供读者参考。

8.3.1 股权并购方案范例

股权并购方案

由于对项目背景概况了解有限，本方案就类似条件下的共性问题进行分析和设计。

一、项目背景

目标公司为 H 股份有限公司（以下简称"H 公司"）。H 公司由北京市某国有集团出资成立，现经营状况良好，经省、市政府批准，为未来发展的重点项目。目前，H 公司的清产核资和资产评估工作基本结束，正处于征集受让方阶段。

正在征集的受让方，除 A 集团外，还有 B 公司。H 公司的管理层、员工基于多年的良好合作关系和对 A 集团的信赖，希望 A 集团能够成功并购，对 B 公司的并购持观望态度。基于此，H 公司对受让方提出在北京市内设立并购公司等必要的受让条件。

A 集团是辽宁省国有集团，辽宁省政府批准其出资并购 H 公司 30% 的股份。

二、并购意图

此并购项目投资者为广东省的 C 公司。并购的终极目标为 A 集团持股 30%，H 公司的管理层持股 30%，C 公司持股 40%。由于北京市政府对 C 公司不了解，同时基于当地政策的限制，H 公司要求必须以 A 集团的名义整体并购。

三、并购方案

并购方案原则上分为以下 3 个阶段。

整体并购阶段：签订产权转让合同。A 集团携其子公司 D 公司并购 H 公司，直接与 H 公司签订产权转让合同。A 集团持股 30%，并购资金由 A 集团按照辽宁省政府批准额度解决，余下 70% 的股份由 D 公司持有，并购资金由 C 公司以担保借款方式提供。

股权转让阶段：签订股权转让合同。在产权转让合同实际履行终结、工商注册登记完毕的基础上，依据借款合同的约定，将 D 公司持有的股权以债转股的方式转让给 C 公司。

管理层并购阶段：C 公司首先与 A 集团的管理层、自然人签订借款合同，然后将持有的 70% 股份中的 30% 转让给 A 集团的管理层。

上述 3 个阶段有各自的目的和要点，基本操作步骤如下。

（1）H 公司成立改制组织，进行前期准备活动；

（2）清产核资、产权界定、财务审计；

（3）资产评估；

（4）形成以改制方案为核心的改制文件；

（5）职工代表大会通过改制文件；

（6）申请和办理报批手续；

（7）实施全体员工身份置换；

（8）取得债权人的支持；

（9）出资或股东认缴股款；

（10）召开股东会议；

（11）变更公司登记，重新进行税务登记；

（12）办理相关权属登记。

四、并购和转让过程中法律风险、政策风险的防范

从专业角度来看，还应着重考虑以下核心问题，以防范可能发生的法律风险、政策风险。

（1）规范操作，确保改制程序的合法性；

（2）提前介入，合法、合规阻止 B 公司介入；

（3）聘请专业人员或机构，对并购价格进行审查和认定；

（4）妥善处理职工安置问题，规避风险，谋求合法利益；

（5）选择经济的土地使用权处置方案，有效降低并购成本；

（6）积极主动与债权人协调，取得债权人的支持；

（7）及时办理相关权属登记，避免日后产生不必要的纠纷。

上述意见仅限于对一般问题进行原则上的分析和设计，随着项目的深入发展，具体问题应该有具体的应对办法。

8.3.2　股权并购意向书范例

股权并购意向书

签订时间：

签订地点：

下列各方均已认真阅读和充分讨论本意向书，并在完全理解其含义的前提下签订本意向书。

甲方（转让方）：

住所：

法定代表人：

乙方（受让方）：

住所：

法定代表人：

鉴于：

（1）甲方是一家依据我国法律于××××年××月××日在××市工商行政管理局注册成立的有限责任公司，依法持有 A 公司××%的股权。A 公司是一家于××××年××月××日在××市工商行政管理局注册成立的有限责任公司。

（2）乙方是一家依据我国法律于××××年××月××日在××市工商行政管理局注册成立的有限责任公司，拟并购甲方持有的 A 公司××%的股权。

甲、乙双方经协商一致，依据《中华人民共和国公司法》及相关法律、法规的规定，达成如下协议，以资共同遵守。

第一条　目标公司概况

目标公司成立于××××年××月××日，注册资本：人民币××万元，法定代表人：××，住所：××。

第二条　标的股权

本次并购的标的股权为甲方持有的 A 公司××%的股权。甲方同意以本意向书所确定的条件和价格转让标的股权，乙方同意以上述条件和价格受让该股权。

第三条　股权转让价格和支付方式

（1）经甲、乙双方同意，乙方将以现金方式完成标的股权的并购。

（2）若无其他约定，则在本次并购的过程中，股权转让价款应当以人民币计价和支付。

（3）若确定并购，则甲、乙双方一致同意本意向书项下约定的股权转让价格为××元整（¥××），最终以甲、乙双方正式签订的股权转让协议的具体约定为准。

（4）股权转让价款的支付方式、支付条件、支付期限，由甲、乙双方在股权转让协议或其后附的补充协议中确定。

第四条　并购方案（视并购股权比例而定）

并购完成后，乙方持有 A 公司 100%的股权，A 公司成为乙方的全资子公司；甲方不再持有 A 公司的任何股权，并退出其经营管理。

第五条　相关问题的沟通、解答和补充

对于尽职调查报告与甲方披露的材料中有疑问或问题的，乙方可以要求甲方补充披露或自行补充调查，甲方应予以配合。

第六条　股权转让计价基准日

（1）本意向书所称的"股权转让计价基准日"是指确定目标公司股东权益的时日，自该日起，转让股权在目标公司的利益转归受让方享有。

（2）本意向书项下的股权转让计价基准日暂定为××××年××月××日。

第七条　或有债务和新债务

（1）甲方在此确认：将在乙方委托审计时向乙方全面、真实地说明目标公司已经存在的资产和债务情况，目标公司不存在未披露的其他或有债务或可能产生债务的事由，甲方对未被披露但已实际发生，或者因股权转让计价基准日之前的事由而致将来产生的全部债务向乙方承担等额的返还赔偿责任。

（2）甲方在此确认：除已披露、双方已认可的债务外，尽职调查的审计终止日起至股权交割日，目标公司如发生任何新的债务或费用支出，甲方应实时书面通知乙方，得到乙方的确认，并且股权转让价格随之调整。否则，由甲方承担等额的返还赔偿责任。

第八条 声明和保证

（1）甲方保证在签订本意向书时，目标公司拥有的资产未设置任何抵押、质押等他项权利，未被任何司法机关查封。甲方持有的目标公司股权未设置任何质押等他项权利，未被任何司法机关查封。

（2）甲方保证目标公司未对除已向乙方披露之外的任何人提供任何形式的担保。

（3）甲方保证在本意向书签订后，不会擅自采取任何方式处置目标公司的部分或全部资产，该处置包括但不限于质押、抵押、担保、租赁、承包、转让或赠予等方式。若确实需要处置，则应事先书面通知乙方。

（4）甲方保证目标公司为依照中国法律设定并有效存续的公司，具有按其营业执照进行正常合法经营所需的全部有效政府批文、证件和许可。

（5）甲方承诺目标公司在股权转让协议签订前所负的一切债务，由甲方承担；

有关行政、司法部门对目标公司此次被并购之前存在的行为所做出的任何提议、通知、命令、裁定、判决、决定所确定的义务，均由甲方承担。

第九条 费用分担

无论并购是否成功，因并购发生的费用都按如下约定进行分摊。

（1）双方基于并购而支出的工作费用，包括差旅费、人员工资、资料刊印费、办公开支等，由各方自行承担。

（2）双方基于并购而支出的聘请相关中介为其服务的费用，包括聘请律师、投资顾问、财务顾问、技术顾问的费用等，由各方自行承担。

第十条 协议的效力和变更

（1）本意向书自双方签字或盖章后生效。

（2）本意向书的任何修改必须经过双方书面同意。

（3）本意向书一式两份，甲、乙双方各执一份。

甲方： （签字或盖章）

乙方： （签字或盖章）

年 月 日

8.3.3　股权并购保密协议范例

股权并购保密协议

甲方：

法定代表人：

地址：

乙方：

法定代表人：

地址：

乙方现正在与甲方商谈并购事宜，已经（或将要）知悉甲方的商业秘密。为了明确乙方的保密义务，有效保护甲方的商业秘密，防止该商业秘密被公开披露或以任何形式泄露，根据《中华人民共和国劳动法》《中华人民共和国反不正当竞争法》的有关规定，甲、乙双方本着平等、自愿、公平和诚实守信的原则签订本保密协议。

第一条　商业秘密

（1）本保密协议所称的"商业秘密"包括财务信息、经营信息和甲方《文件管理办法》中列为绝密、机密级的各项文件。乙方对甲方的商业秘密承担保密义务。本保密协议之签订可视为甲方已对自己的商业秘密采取了合理的保密措施。

（2）财务信息指甲方拥有或获得的有关生产和产品销售的财务方案、财务数据等一切有关信息。

（3）经营信息指甲方有关商业活动的市场行销策略、货源情报、定价政策、不公开的财务资料、合同、交易相对人资料、客户名单等销售和经营信息。

（4）甲方依照法律规定和在有关协议的约定中对外承担保密义务的事项，也属于本保密协议所称的"商业秘密"。

第二条 保密义务人

乙方为本保密协议所称的"保密义务人"。保密义务人同意为甲方利益尽最大努力，在商谈期间不做出任何不正当使用甲方商业秘密的行为。

第三条 保密义务人的保密义务

（1）保守商业秘密，保证商业秘密不被披露或使用，包括意外或过失。

（2）在商谈期间，保密义务人（乙方）未经授权，不得以竞争为目的、出于私利为第三人牟利，或者为故意加害甲方，擅自披露、使用甲方的商业秘密，制造再现商业秘密的器材，取走与商业秘密有关的物件；不得直接或间接地向甲方内部、外部的无关人员泄露商业秘密；不得向不承担保密义务的任何第三人泄露商业秘密。

（3）发现商业秘密被泄露，或者自己过失泄露商业秘密，应当采取有效措施防止泄密范围进一步扩大，并及时向甲方报告。

（4）商谈结束后，乙方应将与工作有关的财务资料、经营信息等交还甲方。

第四条　保密义务的终止

（1）甲方授权同意披露或使用商业秘密。

（2）有关的信息、技术等已经进入公共领域。

（3）甲、乙双方商谈，股权并购事宜履行完毕。

第五条　违约责任

（1）保密义务人（乙方）违反本保密协议中的保密义务，应承担违约责任。

（2）乙方将商业秘密泄露给第三人或使用商业秘密导致甲方遭受损失，应对甲方进行赔偿，赔偿数额不少于由于其违反保密义务给甲方带来的损失。

（3）乙方恶意泄露商业秘密给甲方造成严重后果，甲方将通过法律手段追究其侵权责任。

第六条　争议的解决方法

因执行本保密协议而发生争议的，可以由双方协商解决或共同委托双方信任的第三方调解。协商、调解不成，或者一方不愿意协商、调解的，争议将提交仲裁委员会，按该委员会的规则进行仲裁。仲裁结果是终局性的，对双方均有约束力。

第七条　双方确认

在签署本保密协议前，甲、乙双方已经详细审阅协议内容，并完全了解协议各条款的法律含义。

第八条 协议的效力和变更

（1）本保密协议自双方签字或盖章后生效。

（2）本保密协议的任何修改必须经过双方书面同意。

（3）本保密协议一式两份，甲、乙双方各执一份。

甲方： （签字或盖章）　　　　　　　　乙方： （签字或盖章）

　　　　　　　年 月 日　　　　　　　　　　　　　年 月 日

8.3.4 股权并购合同范例

股权并购合同

转让方（以下简称"甲方"）：

住址：

身份证号码：

联系电话：

受让方（以下简称"乙方"）：

住址：

身份证号码：

联系电话：

上海市××有限公司（以下简称"A公司"）于××××年××月××日在上海市成立，由甲方与××合资经营，注册资本为人民币××万元。其中，甲方持有××%的股权。现在，甲方自愿将这部分股权转让给乙方，乙方同意受让。甲、乙双方根据《中华人民共和国公司法》的有关规定，经协商一致，就股权转让事宜达成如下协议。

第一条　股权转让价格和转让款的支付期限、方式

（1）甲方持有A公司××%的股权，根据A公司章程规定，甲方应出资人民币××万元，实际出资人民币××万元。现甲方将其持有A公司××%的股权以人民币××万元（大写：××万元）转让给乙方。

（2）乙方应于本合同生效之日起×天内，按前款规定的币种和金额，将股权转让款以银行转账方式分3期支付给甲方，具体支付安排如下。

第一期，应在××××年××月××日前支付股权转让款××万元（大写：××万元）；

第二期，应在××××年××月××日前支付股权转让款××万元（大写：××万元）；

第三期，应在××××年××月××日前支付股权转让款××万元（大写：人民币××万元）。

所有支付的股权转让款应转账至以下账户，否则视为乙方未支付股权转让款。

银行：

账户：

账号：

第二条　甲方保证对其拟转让给乙方的股权拥有完全处分权，保证该部分股权没有设定质押、未被查封，并免遭第三人追索。否则，甲方应当承担由此引起的一切经济责任和法律责任

第三条　有关 A 公司盈亏（含债权债务）的分担

（1）在本合同生效后，乙方按照受让股权的比例分享 A 公司的利润，分担相应的风险和亏损。

（2）如因甲方在签订本合同时，未如实告知乙方有关 A 公司在股权转让前所负债务，致使乙方在成为 A 公司的股东后遭受损失的，乙方有权向甲方追偿。

第四条　违约责任

（1）本合同一经生效，双方必须自觉履行，任何一方未按合同的规定全面履行义务，应当依照法律和本合同的规定承担责任。

（2）若乙方不能按期支付股权转让款，则每逾期一天，应向甲方支付逾期部

分股权转让款的违约金。如因乙方违约给甲方造成损失，并且乙方支付的违约金金额低于实际损失的，乙方必须另予以补偿。

（3）若由于甲方的原因，致使乙方不能如期办理变更登记，或者严重影响乙方达到订立本合同的目的，则甲方应按照乙方已经支付的股权转让款的×‰向乙方支付违约金。如因甲方违约给乙方造成损失，并且甲方支付的违约金金额低于实际损失的，甲方必须另予以补偿。

第五条　合同的变更或解除

甲、乙双方经协商一致，可以变更或解除本合同。经协商变更或解除本合同的，双方应签订变更或解除合同，并经上海市公证处公证（若是外商投资的公司，则需要报请审批机关批准）。

第六条　有关费用的负担

在本次股权转让过程中发生的有关费用（如公证、评估或审计、工商变更登记等费用），由甲方承担。

第七条　争议解决方式

因本合同引起的或与本合同有关的任何争议，甲、乙双方应友好协商解决。若协商不成，则应按照下列方式解决（任选一项且只能选择一项，在选定的一项前的方框内打"√"）。

□向上海市仲裁委员会申请仲裁。

□提交中国国际经济贸易仲裁委员会上海分会，在上海市进行仲裁。

□向有管辖权的人民法院起诉。

第八条 生效条件

本合同经甲、乙双方签字（盖章），并经上海市公证处公证（若是外商投资的公司，则需要报请审批机关批准）后生效。双方应于合同生效后依法向工商行政管理机关办理变更登记手续。

第九条 本合同一式四份，甲、乙双方各执一份，A公司、上海市公证处各执一份

转让方：

受让方：

年 月 日

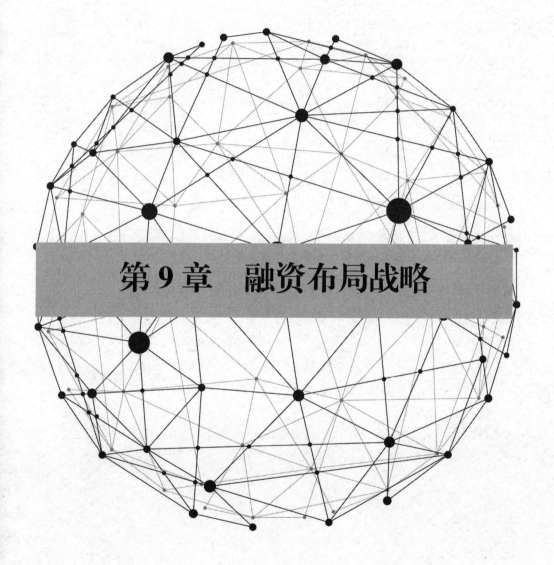

第 9 章　融资布局战略

公司要想发展壮大，仅靠自有资金往往是不够的。因此，公司需要融资，借助他人的资金，提高自身的发展效率，从而快速扩大规模。

9.1　感受融资的价值

就现阶段而言，我国的经济增速开始放缓，一些公司的发展前景不太明朗。对此，业内人士预言，一部分公司将进入"寒冬期"。在"寒冬期"到来之际，基本上没有不缺乏现金流的公司，而应对缺乏现金流的有效方法就是融资。

9.1.1　融资真的很重要

在经济增速放缓和新冠肺炎疫情的影响下，公司要想成功存活下来，必须遵循"现金为王"的方针。这个方针不仅是创业者应该了解的常识，还是创业者应对危机的策略。借助融资，创业者可以确保公司的现金流不断裂。拥有充足的可支配现金流的公司将成为市场上的大赢家。从这个角度来看，融资对公司的重要性一目了然。

无论是在初创期、成长期、成熟期还是衰退期，公司都需要大量的资金，以维持正常的现金流。公司所处阶段不同，对现金流的需求程度有所不同。因此，公司应在不同阶段进行不同程度的融资，脱离缺乏现金流的"泥潭"。

下面以阿里巴巴的融资进程为例对此进行说明。

阿里巴巴的第一轮融资是在 1999 年，融资金额为 500 万美元。此轮融资解决了阿里巴巴的资金危机，成功将阿里巴巴推向海外市场。

2000 年，阿里巴巴引入第二轮融资，总计 2500 万美元。

2004 年，阿里巴巴得到 8200 万美元的第三轮融资。

2005 年，雅虎以 10 亿美元及其在中国的全部资产换取阿里巴巴 39%的股份。这次交易使阿里巴巴旗下的淘宝、支付宝等产品迅速发展。

2007 年，阿里巴巴在香港联合交易所有限公司正式挂牌上市，融资约 15 亿美元。按照当时的收盘价计算，阿里巴巴的市值已经接近 280 亿美元。

2011 年，阿里巴巴获得美国银湖资本、俄罗斯 DST、云锋基金的投资，总额为 20 亿美元。

2012 年，阿里巴巴通过商业贷款的方式获得中国国家开发银行 10 亿美元的资金。

2014 年，阿里巴巴在纽约证券交易所正式上市，融资金额大约为 220 亿美元。

2019 年，阿里巴巴将融资目标由 200 亿美元下调到 100 亿～150 亿美元。

2020 年后，阿里巴巴将重心放在投资上，不再进行大规模融资。

上述案例告诉我们，即使像阿里巴巴这样的行业巨头也需要融资，为了自身的长远发展，普通公司更不能忽视融资的作用。在公司发展的过程中，可能会出现某些突发危机，这些突发危机需要现金流的支持才能解决。不重视融资甚至不想融资的公司，很可能因为现金流断裂而倒闭。

9.1.2　现金流与融资的关系

公司的发展阶段决定了所需资金的多少，现金流的大小直接决定了公司是否需要通过外部力量（融资）来获取资金。在进行融资之前，创业者需要分析公司的现金流是否充足，一家健康的公司应该确保资金进来得多、出去得少。当然，在公司还没有产生盈利之前，必须准备充裕的资金来养活团队，直到公司产生盈利、现金流为止。

无论何时，创业者都要确保公司的账户有不少于 6 个月的现金流储备。这样做有两个原因，一是只要保证账户有钱，有资金可以用，项目就不会中断；二是完成一轮融资一般需要 6 个月的时间。

现金流是公司的"血脉"，掌控着公司的"生死大权"。创业者无论有多么好的创意和多么优秀的团队，一旦现金流中断，就会有创业失败的风险。优质的现金流应当在流动性与收益性之间保持平衡，这要求创业者在分析现金流时关注以下 4 个要素，如图 9-1 所示。

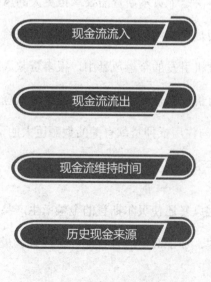

现金流流入

现金流流出

现金流维持时间

历史现金来源

图 9-1　现金流的 4 个要素

在图 9-1 中，"现金流流入"体现了公司的盈利能力、预期收益能力；"现金流流出"体现了公司各项开支的方向和金额；"现金流维持时间"决定了公司能否顺利发展；"历史现金来源"可以预测公司的持续融资能力是否足够强。

通过现金流分析，创业者可以大概确定公司融资额度的范围。公司的财务状况越好，现金净流量越多，所需融资额度越小；公司的财务状况越差，现金净流量越少，所需融资额度越大。

9.1.3　贝尔斯登因为现金流问题而破产

贝尔斯登作为一家投资银行，其日常经营伴随着大量的现金流入和流出。因此，当美国次贷危机的影响越来越严重、美国金融市场产生剧烈动荡时，首当其冲的便是贝尔斯登等投资银行。

投资银行的性质决定了贝尔斯登需要承担更大的风险。投资银行与传统商业银行不同，其从事的是有价证券的投资。房地产、保险、金融是投资银行主要的投资板块。在次贷危机引发的金融风暴中，很多贷款人难以偿还住房抵押贷款，其充当抵押担保的有价证券价格急剧下跌，给贝尔斯登的主要业务带来了巨大冲击。贝尔斯登持有的与住房抵押贷款有关的数额巨大的资产在短时间内价值暴跌，导致其利润下降，甚至产生了严重亏损。

不仅如此，金融风暴还使贝尔斯登的金融衍生产品价格大幅滑落，原本热门的产品变得无人问津，加上高财务杠杆的经营模式，最终导致其经营性现金流大幅减少。

　　2007 年，贝尔斯登旗下的高级信贷策略基金和高级信贷策略杠杆基金由于经营着次贷支持 CDO（Collateralized Debt Obligation，担保债务凭证）投资的业务，受到次贷危机的牵连，不得不宣布倒闭，其投资者累计损失超过 15 亿美元。

　　持续的大面积亏损令贝尔斯登的现金流日渐枯竭，甚至面临失去现金流来源的危机。曾经的合作伙伴为求自保，纷纷宣布终止与贝尔斯登的合作，调走了大量资金。这无疑是对贝尔斯登的又一次重创。

　　在万般无奈下，贝尔斯登的管理者只好选择了最后一条出路——被摩根大通收购。

　　从贝尔斯登破产的案例中可以看出，虽然很多高层管理者明知高财务杠杆会让公司陷入很大的债务危机，但是为了获得高额利润回报，他们还是会举债经营，漠视现金流断裂的风险。这正是贝尔斯登管理层最大的失误之处。

　　现金流如同公司的"血脉"，现金流的大小往往决定着公司的成败。建立完善的现金流管理制度，是保证公司生存、增强公司市场竞争力的重要支柱。通过现金流管理，公司的现金流动性可以处于良好的状态，提高现金的利用率，从而释放公司的活力，及时将资金转化为公司的生产力，以满足用户多样化的需求。

　　没有利润的公司可以存活下来，没有现金流的公司随时面临破产的危机。贝尔斯登作为美国曾经的第五大投资银行，却忽视对现金流的管理，这既是其致命的失误，也是导致其破产的重要原因。贝尔斯登破产的案例时刻警醒着创业者必须关注现金预算和现金流管理。

9.2 融资前要做何准备

要想顺利获得融资，创业者需要提前做好准备，组建优秀团队、准备路演 PPT、确定融资金额，以最饱满的状态迎接投资者。

9.2.1 由优秀的 CEO 组建一个"黄金团队"

投资者在投资时看重的不外乎两点，一是项目，二是人。如果项目和人没有什么问题，投资者就很可能出手。在"人"的方面，投资者往往非常注重对团队和 CEO 的考察。因此，在融资前，必须由优秀的 CEO 组建一个"黄金团队"。

1. CEO

优秀的 CEO 是项目取得成功的决定因素之一。例如，惠普的前总裁兼 CEO 将惠普从一家默默无闻的小公司发展成全球著名的大公司。试问，哪个投资者不想和如此优秀的 CEO 合作呢？优秀的 CEO 往往有较强的专业能力和社交能力，同时具有一定的领导能力和决策能力，可以推动团队不断进步和发展。

2. 团队

优秀的团队可以作为投资者判断项目能否顺利完成的依据。如果团队成员之间有很强的协作性和互补性，就可以更好地解决危机和突发情况，从而提高项目的成功率。投资界有一个公认的理论，即"早期投资主要是投人"，意思是投资者更青睐具备丰富从业经验、拥有较多社交资源、技术基础扎实、学习效率高、表达能力和沟通能力比较强的团队。

以雷军为例，他曾经多次表示自己利用创业初期的大部分时间寻找优秀的人才，因而小米的团队非常出色。

小米最初的团队由林斌（原谷歌中国工程研究院副院长、谷歌全球技术总监）、周光平（美国佐治亚理工学院电磁学与无线技术博士、原摩托罗拉北京研发中心总工程师和高级总监）、刘德（原北京科技大学工业设计系主任）、黎万强（原金山软件设计中心设计总监、金山词霸总经理）、黄江吉（原微软中国工程院开发总监）、洪峰（原谷歌中国高级产品经理）组成。对于小米来说，这几位人才是缺一不可的存在，他们帮助小米获得了更多的投资。

9.2.2　路演中的 PPT 图文结合

PPT 在路演过程中扮演着不可或缺的角色，它的质量在很大程度上影响着融资的最终结果。对于许多公司来说，制作一份优秀的 PPT 十分关键。那么，什么样的 PPT 是优秀的 PPT 呢？它们往往具备图文结合的特点。

逻辑清楚的图片可以让投资者直观地明白创业者想表达的内容。例如，某位投资者与某个做网红孵化项目的创业者面谈，该创业者的项目是规模化培养网红，并且帮助网红利用不同渠道变现。虽然项目创意不错，但是该投资者拒绝投资。

原因是该投资者发现该创业者提供的商业计划书中没有图片，所以对项目没有什么预期。该投资者称："那份商业计划书给我的感觉就像一个假项目，连一张图片都没有，这肯定是有问题的。网红属于时尚领域，应该用时尚、多元化的方式来表达。"

在移动互联网时代，海量信息席卷而来，普通人获取信息的时间有限，冗长的内容很可能被埋没。投资者也是普通人，对长篇大论也会感到头疼。因此，创业者需要用图片对商业计划书中的内容加以说明，这样也能缓解投资者阅读大量信息时的枯燥感。

"眼睛能留住耳朵忘记的东西"，这是文字得以存在的原因之一。图文并茂的商业计划书除了能向投资者提供必要的信息，还能留给投资者一定的想象空间。

9.2.3　筹集大于实际需求的融资金额

创业者刘鑫在首次融资时很快实现了目标，获得了预期的融资金额。正当他打算宣布融资结束时，更多投资者对其项目表现出投资兴趣。在这种情况下，刘鑫的融资顾问建议他继续融资。最终，刘鑫的融资金额达到了目标的 1.5 倍。

在第一次融资的时候，融资顾问花了很长的时间说服刘鑫接受更多的资金。刘鑫非常担心股权被稀释，并且认为融资金额只要能满足当前发展业务的需求就够了。此外，刘鑫希望尽快回归正常工作，不想在融资上花费太多时间。

刘鑫最终没有为自己的决定后悔，反而因为获得了更多融资而感到庆幸。充足的资金给他的项目带来了正向的现金流，他不需要在项目发展的转折点寻找第二轮融资。

大多数创业者可能不会像刘鑫那样在实现预定的目标后继续筹集更多的资金，他们往往在投资者仍有投资兴趣的时候停止融资。当然，这里所说的"筹集更多的资金"不是上亿美元，而是几百万美元左右。在通常情况下，较多的资金有助于创业者试错，即使遭遇金融危机，也能扩大公司规模。下面将说明融资金额应当大于实际需求的 3 个原因。

（1）资本环境的变化难以预测，融资有备无患。

（2）下一轮融资可能更加困难，在可以获得更多融资时不要拒绝。

（3）多次小规模融资容易导致创业者分心，不利于鼓舞士气。

融资是项目发展之外的事情，创业者需要花费很多的时间和精力。如果每隔几个月就进行一轮融资，那么将在很大程度上消耗创业者的热情和积极性，不利于公司发展。因此，创业者应该在有条件时筹集大于实际需求的融资金额，尽快实现融资目标。

9.3　"从 0 到 1"的融资方案

要想制定完善的融资方案，首先要明确融资的基本原则，尽早规划，然后根据公司的发展阶段优化融资方案。

9.3.1　融资的基本原则

在进行融资时，创业者应该遵循 7 项基本原则，如图 9-2 所示。

图 9-2　融资的 7 项基本原则

1. 把握最佳的融资机会

把握最佳的融资机会体现在创业者和投资者的交流过程中。一方面，投资者经常在投资项目时"广撒网"，即先将一些项目掌握在手里，再做出最终的决策；另一方面，创业者的时间非常宝贵，一旦错过最佳时机，项目就可能"死"在自己手里。

因此，当创业者确定了公司所处发展阶段的融资战略时，应该精准把握最佳的融资机会，有策略地锁定最合适的投资者，占据主动地位，与投资者进行深入沟通，争取成功获得融资。

2. 控制融资成本

"融资成本"是一个比较宽泛的概念，它不仅包括融资过程中耗费的经济成本，还包括为实现融资目标而舍弃的时间、机会等无形成本。

为了融资成功，创业者可以满足投资者的基本要求，同时根据公司的实际情况，将融资成本降到最低。在通常情况下，按照资金来源对融资进行划分，其成本由高到低依次为财政融资、商业融资、内部融资、银行融资、债券融资、股票融资。

3. 收益、资源、资金平衡化

创业者在发现有利的融资机会后，应该果断为公司融资。需要注意的是，创业者应该从"资源"和"资金"两个层面来考虑如何让公司赚取更多的收益、获得更好的发展。

例如，小米在创建之初虽然规模比较小，但是依靠过硬的实力小有名气。在有了一些名气后，小米面临资金方面的问题。于是，雷军开始寻找投资者。他始终坚持"宁缺毋滥"的原则，虽然小米非常需要资金，但是雷军还是拒绝了 30 多个投资者。后来，雷军表示，他希望投资者不仅可以为小米带来资金，还可以为小米提供更多的资源，如后续的各种服务和其他海外资源等。

4. 加强融资风险管理

无论是在融资前、融资时，还是在融资后，创业者都需要进行风险管理。在融资前，创业者需要掌握财务、税务、法务等方面的知识，从而规避风险；在融资时，创业者应该预防某些潜在的条款风险，如对赌条款等；在融资后，如果是上市公司，那么创业者需要警惕 IPO（Initial Public Offering，首次公开募股）红线。

5. 选择合适的融资期限

按照期限来划分，融资可以分为短期融资和长期融资。公司是选择短期融资还是长期融资，主要取决于融资用途和融资成本等因素。

以融资用途为例。流动资产具有周期短、易于变现、经营中所需的补充金额较小、占用时间短等特点，如果公司进行融资是为了增加流动资产，那么应该选择短期融资，如商业信用、短期贷款等。如果公司进行融资是为了长期投资或购置固定资产，那么应该选择长期融资，如长期贷款、公司内部筹款、租赁融资、发行债券和股票等。

6. 掌握公司的控制权

在进行融资时，为了对公司经营产生不同程度的影响力，创业者需要把公司的控制权掌握在自己手里。掌握控制权的创业者可以进入公司的董事会或监事会等组织，既可以参与决策，也可以根据自身需求改善工作环境、享受红利。

控制权往往不是一成不变的。最初，创业者和股东拥有一定的控制权；当公司发生清算事件、处于破产状态时，控制权会转移到债权人手里；当公司需要借助内部融资谋求发展时，控制权会转移到员工手里（实际上做出决策的还是创业者和股东）。

这种控制权的变化不仅会影响公司经营和管理的独立性，还会导致利润的分流，对创业者和原有股东的利益造成影响。例如，增发新股会削弱创业者和原有股东的控制权，除非他们也按照相应的比例购买新股。如果公司进行债券融资，那么通常只会增加公司的债务，不会影响创业者和原有股东的控制权。

7. 谨慎选择融资方式

在进行融资时，创业者可以根据实际情况自行选择融资方式，不同融资方式的效果通常是不同的。例如，发行普通股并上市，不仅会给公司带来资金，还会提高公司的知名度、增强公司的竞争力；在国际资本市场中进行融资，并与影响力较大的投资者、投资机构合作，可以使公司迅速被用户认识，在无形中树立、优化公司的形象。

当然，除了上述两种融资方式，天使轮融资、内部融资、私募股权融资等方式也十分常用，受到了众多创业者的认可。

9.3.2　融资时间越早越好

某些公司盈利状况较好的创业者可能认为自己资金充裕，不急于融资。这种想法是不对的，一定要在刚产生盈利的时候就开始融资，如果等到急需用钱的时候再开始融资就晚了。对于大多数公司来说，融资时间越早越好。

"礼物说"是"90 后"创业者温城辉创立的移动电商平台，以推荐礼物攻略为核心，收罗时下流行的礼物和送礼物的方法，为用户推荐热门礼物，用户可以在该平台下单。该平台在 A 轮获得红杉资本 300 万美元的投资，在 B 轮获得著名投资机构 3000 万美元的投资，估值超过 2 亿美元，后来顺利完成上千万美元的 C 轮和 C+轮融资。

温城辉一直坚守一条底线，那就是不能等到缺钱时再融资，应提前 6 个月进行下一轮融资。在 B 轮融资时，温城辉的银行账户内储备了大量资金，他认为这样做可以保证公司在短时间内没有生存压力，既能集中精力研发产品，又能在后续融资中保持较高的估值。

在初创阶段，融资过程时长时短，融资结果时好时坏，创业者要留出充足的融资时间，避免因为过晚融资而影响公司的估值。

9.3.3 融资阶段和融资方案优化

在融资前，创业者首先要做的是判断公司的融资阶段。绝大多数公司需要经历以下 4 个融资阶段，如图 9-3 所示。不同的融资阶段对应不同的融资方案。

种子期　　　创业期　　　成长期　　　成熟期

图 9-3　绝大多数公司需要经历的 4 个融资阶段

1. 种子期

如果项目只有一个创意，产品仍处于研发过程中或处于实验室初级阶段，那么公司正在经历种子期。种子期的投资被称为"种子资金"，此时的投资规模比较小，不过风险最高。种子资金的来源主要是天使投资者和创投基金。种子资金一般为 10 万～100 万元，一些优质项目可以获得上千万元的种子资金。

2. 创业期

如果产品已经研发完毕且进入试销阶段，那么公司进入了创业期。在创业期，公司需要大量的资金来购买生产设备、进行后续研发和宣传推广。创业期的投资一般被称为"创业资金"，投资者承担的风险因为创业期时间的长短不同而有所不同。

从种子期到创业期是很多公司很难踏出的一步，这一步考验的是公司的产品、商业模式、盈利模式和创业团队等多个方面，任何一个方面出现问题，项目都有可能宣告失败。

3. 成长期

成长期是指公司的产品经过市场验证后，开始扩大生产、开拓市场的阶段。在一般情况下，公司的规模会在成长期快速扩大，市场占有率会快速提高。成长期是引入投资的主要阶段，此时公司的资金需求量非常大，市场风险和管理风险也有所提高。这个阶段的资金主要分为运营资金和扩张资金，通过原投资者增资和新投资者进入来获得。

4. 成熟期

公司实现工业化生产后，意味着成熟期到来了。成熟期是公司上市前的最后一个阶段，也是投资者的退出阶段和私募基金的进入阶段。在成熟期，公司的现金流达到了一定规模，技术成熟，市场稳定，融资能力非常强。

判断公司的融资阶段有利于创业者客观看待公司的融资能力，并结合其他因素确定融资金额，为融资计划奠定良好、坚实的基础。

9.3.4　Oculus：融资策略应与产品业务、公司发展高度契合

年轻的 Oculus（2022 年 1 月更名为 Meta Quest）联合创始人帕尔默·洛基和很多硅谷"创富神话"中的主人公一样，上学半途退学创业。接下来，我们以 Oculus 的 VR（Virtual Reality，虚拟现实）项目为例，学习通过产品业务和公司发展来确定融资策略的方法。

在 Oculus 成立之初，帕尔默·洛基独自负责所有工作。当布伦丹·艾里布和迈克尔·安东诺夫加入后，布伦丹·艾里布担任 CEO，迈克·安东诺夫担任首席软件架构师，帕尔默·洛基卸下管理公司的重任，将全部精力放在 VR 项目上。

帕尔默·洛基在 Kickstarter 众筹平台上发布了 VR 项目，该项目的核心产品是一款专门用来玩 VR 游戏的外部设备。Oculus 改变了玩家对游戏的认知，获得了近万名用户的支持。经过 1 个月的融资，Oculus 获得了超出预定融资目标 25 万美元近 10 倍的资金。

该轮融资是 Oculus 的天使轮融资。Oculus 的产品拥有了初步形态，可以展示给投资者。此外，Oculus 还拥有了初步的商业模式，不过可行性有待验证。

随后，Oculus 获得了 A 轮融资 1600 万美元，投资者包括经纬创投和星火资本等。此时的 Oculus 产品成熟，并且有完整、详细的商业模式和盈利模式。

在 A 轮融资的助力下，Oculus 成功推出首批 VR 产品——VR 头盔，其价格为限量版 275 美元、升级版 300 美元。该 VR 头盔在 E3 大展上获得了"年度最佳游戏硬件"的提名。

与此同时，Oculus 和多家公司开展合作，共同研究支持 VR 头盔的游戏、演示版游戏和 SDK（Software Development Kit，软件开发工具包）。无论是从 SDK 的稳定性来看，还是从游戏的上手易用性来看，Oculus 在软硬件方面都交出了超出公众预期的成绩单。

在 B 轮融资时，Oculus 获得了高达 7500 万美元的资金，领投方为 A16Z。在该轮融资后，A16Z 的创始人马克·安德森加入了 Oculus 的董事会。

利用 A 轮融资获得的资金，Oculus 开始产生盈利。在 B 轮融资后，Oculus 需要推出新业务、拓展新领域，以进一步增强竞争力，巩固自己在市场中的优势地位。因此，Oculus 接受了 Meta 以 20 亿美元对其进行收购的要约。在 20 亿美元中，包括 4 亿美元现金和 2310 万股 Meta 普通股股票（按照当时的平均收盘价 69.35 美元/股来计算，这些股票的价值约为 16 亿美元）。

Meta 为 Oculus 提供了更多的资金支持。Oculus 被高价收购，意味着其 VR 项目获得了成功。

一些商业模式比较成熟的公司，其最终目标是上市。它们需要继续进行 C 轮、D 轮、E 轮等后续轮次的融资，从而不断拓展新业务，补全商业闭环。

9.4　关于融资的 3 个关键问题

为了顺利获得融资，创业者需要明确 3 个问题，分别是"融资前是否需要调整业务""融资后出现重大决策怎么办""如何与投资者打交道"。

9.4.1　融资前是否需要调整业务

创业者要有远大的理想，不过在当前的市场环境中，很难在两年内打造出下一个"阿里巴巴"。投资者往往不喜欢创业者最初的业务太多。如果公司开展了多元化业务，那么投资者通常倾向于从中选择一两项优势业务，要求公司放弃一部分原有业务。

放弃一部分业务，留下最擅长的主营业务，对业务分散的初创公司是非常有必要的。投资者希望自己的钱"用在刀刃上"，可以看到效果。这要求项目是细分、聚焦的，这样才能集中资源主攻优势业务。那么，什么是细分、聚焦的项目呢？

（1）项目规模小，只需要较少的人力和物力就可以启动。例如，一个只有 4 个人的团队就能研发出一款 App。在该团队中，第一个人担任项目经理，第二个人负责系统，第三个人负责用户界面，第四个人担任测试工程师。

（2）业务集中或目标市场足够细分。这一点在线上和线下是相通的，只有"盘子小"，才能足够灵活。细分、聚焦的公司更灵活，雷军的 7 字真言"专注、极致、口碑、快"非常巧妙地道出了"聚焦"的真谛。因为只做一件事，所以会制定更严格的标准。

目前，一些公司面临的问题是业务发展得非常慢，根本原因是业务不能解决用户的痛点。之所以会这样，往往与公司的业务太多、缺乏核心业务有关。在竞争激烈的市场环境中，没有核心业务的公司很难被大众看到，无法获得属于自己的市场。例如，苹果最初只做一款手机产品，国美专注于自身最有优势的家电业务等。

公司需要聚焦于最有优势的业务，放弃占用较多资源、时间、人力成本的业务。如果创业者计划为公司融资，那么应该先审视一下公司的业务。

9.4.2　融资后出现重大决策怎么办

在项目刚启动的时候，重大决策首先由创始人给出，然后参考其他人员提出的意见。随着投资者的加入，公司需要依法设立董事会和股东大会。董事会对股东大会负责，负责公司的日常经营事务。股东大会由全体股东构成，是公司的权力机构。

当出现重大决策时，董事会和股东大会需要发挥作用。前者的表决通常实行一人一票制，后者由股东按照出资比例行使表决权。作为董事会和股东大会的构成人员，董事和股东拥有重大决策参与权。此项权利具体表现在以下几个方面。

（1）参加股东会议权和表决权。

（2）提议召开股东会临时会议权。

（3）召集和主持股东会临时会议权。

（4）股份公司股东临时提案权。

（5）股份公司股东累积投票权。

（6）股份公司股东召开董事会临时会议提议权。

（7）参加清算组权。

无论是董事会还是股东大会，在出现重大决策时都需要投票表决。从规范公司经营和管理的角度来看，重大决策需要投票表决，对公司是有益无弊的。

9.4.3 如何与投资者打交道

在融资时，创业者需要与大量的投资者接触。当确定潜在投资者后，创业者应与其联系。如果有条件，那么见面次数越多越好，这样可以提高融资成功的概率。在与投资者见面之后，创业者不应单方面等待投资者联系自己，而应主动出击，了解投资者的投资意向。

在见面后的第二天，创业者应当向投资者发送一封简短的感谢邮件，这是与投资者见面后首先要采取的行动。有时，创业者向投资者发送邮件，已经过去了一两个星期，依然没有得到投资者的回复。此时，创业者可以再向投资者发送一封邮件，注意用语文明、礼貌。在第二封邮件中，创业者可以描述公司的发展近况或一些关于公司的利好消息。这样，虽然距离与投资者见面已经过去了几个星期，但是创业者一直将新的好消息提供给投资者，不仅能让投资者看到创业者的进取心，还能持续吸引投资者的关注。

　　需要注意的是，在第一次与投资者见面的时候，创业者不能将公司信息和盘托出，应该有所保留，这样才能在之后给投资者更多惊喜。

　　融资就像一种推销，创业者需要懂方法、讲策略。创业者可以在邮件中加上这样一句话："我知道您非常忙，我会在一个星期后与您确认相关事宜，您觉得可以吗？"总而言之，无论投资者态度如何、是否回复邮件，只要没有做出最终的投资决策，创业者就应该多发邮件，多向投资者展示公司的优势，用自己的诚意和公司的发展前景打动投资者，争取成功获得投资。

第 10 章　融资模式大盘点

融资模式有很多种，创业者需要根据公司的发展阶段和业务模式来选择。在一般情况下，融资模式包括天使轮融资、债权融资、内部融资和外部融资、贸易融资、政策性融资。

10.1　天使轮融资

天使轮融资指的是初创公司的首轮融资，是创业者的"第一桶金"。天使轮融资一般由个人出资，帮助拥有专门技术或独特概念的创业者。

10.1.1　天使轮融资具有哪些特点

天使轮融资一般具有以下两个特点。

（1）融资金额较小，投资者小比例占股。数据显示，天使轮融资的金额在 500 万元以下的占比为 78%，在 500 万～1000 万元的占比为 13%，在 1000 万元以上的占比只有 9%。投资者投入的资金不多，往往在公司中小比例占股，一般为 10%～30%，通常不会超过 35%。

（2）尽职调查不太严格，投资者主要基于主观判断或个人偏好做出最终决策。愿意参与天使轮融资的投资者往往是创业者的朋友或商业伙伴。例如，三只松鼠创始人章燎原与 IDG 资本合伙人李丰是朋友，因此三只松鼠获得了 IDG 资本 150 万美元的天使轮融资。

创业者的朋友或商业伙伴通常对创业者的能力和创意深信不疑，愿意在创业初期给予创业者资金支持。他们投入的资金可能不是很多，却对项目能否存活和发展下去有着至关重要的影响。因此，创业者不能忽视天使轮融资，应该想方设法扩大自己的社交圈。

10.1.2　自然人模式和团队模式

天使轮融资有不同的模式，包括自然人模式和团队模式。这两种模式涉及的金额和操作程序有所差异，创业者需要根据自己的项目来选择。

1.　自然人模式

天使轮融资的投资者大多是有一定财富积累的企业家、成功创始人。在公司创立初期，他们是创业者的重要支柱，会在投资后积极为公司提供战略规划、人才、公关、人脉资源等增值服务。随着初创公司对天使轮融资的需求越来越强烈，拥有闲置资金的律师、会计师、高管和行业专家等也成为天使投资者，为公司的发展增加动力。

2.　团队模式

自然人模式有一定的局限性，如项目来源少、个人经济实力不够强、投资经验不足等。因此，一些天使投资者聚集在一起，组成天使投资俱乐部或天使投资联盟。这种团队模式具有很多优势，如可以汇集项目来源、成员之间可以分享行业经验和投资经验等。

有一些团队联系紧密，往往采用联合投资的模式对外投资。典型的天使投资俱乐部和天使投资联盟有上海天使投资俱乐部、深圳天使投资人俱乐部、亚杰商会天使团等。

10.2　债权融资

债权融资指的是公司通过举债的方式进行融资。公司既要在借债到期后向债权人偿还本金，又要承担借债期间的资金利息。

10.2.1　公司发行债券

发行债券是债权融资的重要形式，它指的是创业者依照法律程序发行代表一定债权和兑付条件的债券，从而进行资金借贷的法律行为，通常有私募发行和公募发行两种方式。其中，私募发行具有发行条件宽松、可满足公司多样化的融资需求、无发行总额要求、发行周期较短等优势，成为创业者首选的融资方式。发行私募债券对公司的要求如表 10-1 所示。

表 10-1　发行私募债券对公司的要求

公司主体	符合公司债券的一般性规定，如存续满两年；生产经营规范，内控完善；两年内无违法违规、债务违约行为等
净资产	股份有限公司的净资产不低于人民币 3000 万元，有限责任公司的净资产不低于人民币 6000 万元
盈利能力	最近 3 年平均可分配利润足以支付公司债券 1 年的利息
偿债能力	对资产负债率等指标无明确要求，按照公司债券上市要求，资产负债率最好不高于 75%
现金流	经营活动现金流为正且保持良好水平
用途	筹集的资金投向符合国家产业政策
利率	债券的利率不超过国务院限定的利率水平
担保	鼓励中小微公司采用第三方担保或设定财产抵/质押担保

在股权融资存在一定困难的情况下，发行私募债券进行债权融资是一个不错

的选择。

不仅如此，为拓宽中小微公司的融资渠道，解决中小微公司"融资难"的问题，证监会研究推出中小微公司私募债制度，这意味着非上市中小微公司可以通过发行债券直接融资。

10.2.2　通过金融租赁获得发展资本

金融租赁属于债权融资的一种，欧洲金融租赁联合会将其定义为"出租方和租赁方以书面形式达成的协议，在一个特定的期限内，由出租方购买租赁方选定的设备和设施，同时拥有设备和设施的所有权，租赁方拥有使用权"。

金融租赁的优势十分明显。公司无须抵押或担保，就可获得全额融资，这样可以在一定程度上减轻公司的现金流压力。从某种意义上讲，金融租赁可以作为长期贷款的替代品。

如今，金融租赁已经成为一种通用融资工具，在一定程度上解决了中小型高新技术公司"融资难"的问题。随着经济的发展，金融租赁的表现形式越来越多样化，许多租赁服务应运而生，如委托租赁、风险租赁等。

金融租赁的适用范围也非常广，并且对申请金融租赁的公司规模没有限制，不仅可用于厂房、设备等实物产品，还可用于软件、信息系统等互联网产品。

当然，金融租赁也不可避免地存在一些缺陷。例如，金融租赁能够满足的需求总量有限，并且其风险收益特征和行业指向性比较强。目前，针对中小型公司的租赁服务虽然正在逐步增加，但是对中小型公司的资产、经营状况等方面有一些硬性要求。

金融租赁公司大多有一套严格的审核手续。首先，它们会对项目进行风险评估；其次，它们会判断项目的盈利能力；最后，它们会进行风险控制，一部分金融租赁公司会严格限制标的物的行业和应用领域。此外，租赁双方还需要提供保证金，其额度约为总融资额度的20%。

10.3　内部融资和外部融资

内部融资指的是公司将内部的资金积累转化为投资。外部融资指的是吸收其他经济主体的资金，将其转化为投资。如今，仅靠内部融资已经很难满足大多数公司的资金需求。

10.3.1　留存盈余融资

留存盈余融资是公司进行内部融资的重要模式。对中小型公司而言，收益分配主要包括发放股利和留存盈余两个方面。留存盈余融资指的是在公司缴纳税款后，对税后利润进行再分配，留存的部分是可以直接取用的内部资金。税后利润的所有权属于公司的股东，股东将税后利润留存给公司，也是一种追加投资的方式。

在进行留存盈余融资时，公司需要将"股东利益最大化"作为基本原则。如果股东无法通过留存盈余融资获得较高的收益，公司就应该将这部分盈余分配给股东。当盈余已经满足公司的所有投资需求时，公司应该将剩余部分的盈余分配给股东。在税后利润出现较大变动时，公司可以采取固定股利的措施，按照固定的比率进行利润分配。

留存盈余的核心在于确定留存比率，留存比率越高，意味着投资者的当期投资回报越低。如果公司将留存比率设置得过高，那么投资者将难以相信公司的盈利水平，这样会损害公司的财务形象，最终导致公司难以吸引外部融资。

同时，在进行股利分配时，投资者若获得现金，则需要缴纳个人所得税；若获得股权，则只需要缴纳印花税。从这个角度来考虑，不能把留存比率设置得过低，因为投资者往往希望将更多的股利留在公司内部，扩大公司的产能。

从另一个角度来考虑，中小型公司合理进行留存盈余融资的问题，其实就是股利分配的问题。正确的股利分配原则可以增强公司的资金积累能力和投资者对公司的信任感，从而吸引投资，为公司的发展打下良好的基础。

10.3.2　票据贴现模式

票据贴现指的是在持票人有资金需求时，通过贴付一定的利息，将未到期的票据兑付为现金。在回款不及时或公司需要大量资金时，可以利用票据贴现模式进行应急融资。这种融资模式具有以下优势。

（1）由于票据的成本只随着市场供求而波动，不受政策影响，因此票据融资市场的利率一直保持在较低的水平。公司向银行申请承兑汇票后，只要缴纳一定数额的保证金和手续费，就可以获得资金。

（2）银行可以通过对公司持有的票据进行承兑贴现，将资金输送到相对安全的票据融资市场，从而间接实现资金输送。这对于尚未达到银行放贷标准、难以及时弥补资金缺口的公司来说，是一种解决燃眉之急的绝佳方法。

（3）银行在获得汇票后，可以向其他银行申请转贴现，或者向中国人民银行申请再贴现。银行可以通过这些方式获取收益，分散自身的经营风险。

票据贴现也被视为票据买卖或银行的短期放贷业务，实际上是对债权进行转移。持票人可以通过票据贴现，将票据提前转化为流动资金。这种模式能够加速资金在市场内的流通，有利于市场经济的发展。

10.3.3 典当融资

典当融资，即中小型公司通过在典当行质押或抵押资产，从而获得资金的融资模式。典当行是一种针对中小型公司和个人设置的、从事放款业务的特殊金融机构，它可以辅助银行，满足创业者的短期融资需要。作为一种新型的融资模式，典当融资具有周期短、灵活度高、贷款额度小等特点，与中小型公司的融资需求适配性较好，能够在短时间内提供资金。

与手续复杂、审批周期长的银行贷款相比，典当融资不但手续简便，而且不限制资金的用途，可以极大地提高资金使用率。典当行的服务对象多为个人或中小型公司，典当行既不对其设置信用要求，也不设置典当物品的最低价值要求，动产和不动产都可以进行典当。

银行融资产品比较少，申请手续也比较烦琐。当创业者无法通过抵押或担保的方式申请银行贷款时，典当融资是一种不错的选择。

10.3.4　银行贷款

银行贷款是以银行为中介的融资模式。在一般情况下，短期贷款的利率分为 6 个月以内（含 6 个月）、6～12 个月（含 12 个月）2 个层次，中长期贷款的利率分为 1～3 年（含 3 年）、3～5 年（含 5 年）、5 年以上 3 个层次。

银行贷款具有以下 3 个特征。

（1）灵活多样，银行可以提供不同的贷款额度和贷款方式，供公司选择。

（2）银行信用可以积少成多、续短为长，银行可以提供数量多少、期限长短不一的贷款。

（3）在银行授信前，相关专家会先对公司进行详细的可行性研究，再做出贷款决策，这样可以在很大程度上减少纠纷、降低风险。

10.3.5　股权众筹模式

股权众筹是为有创意、无资金的创业者提供的门槛较低的融资模式，依托互联网平台来运作。

第一步，创业者向股权众筹平台提交商业计划书。

与传统的商业计划书不同，股权众筹的商业计划书面向的是互联网中的普通投资者。股权众筹的商业计划书不涉及商业机密，仅公开展示融资项目。创业者可以将股权众筹的商业计划书看作一份招股说明书。股权众筹项目的开展需要借助股权众筹平台，所以，创业者在提交商业计划书时，还需要分析并研究平台的特点，遵守平台的规定。

第二步，股权众筹平台审核商业计划书。

股权众筹平台必须确保上线的每一个项目都是合法、合规的。在创业者提交商业计划书后，股权众筹平台需要进行审核。股权众筹平台的审核通常从项目的可行性、公司的实际经营情况、股权众筹项目的合法性 3 个方面来进行。

第三步，股权众筹平台上线项目的融资信息。

股权众筹平台在审核完项目后，会上线项目的融资信息。在通常情况下，设置合理的项目融资信息可以吸引更多投资者的关注。股权众筹项目融资信息涉及的要素主要有 4 个，分别是目标融资额、筹款期限、项目包装和回报形式。

在股权众筹的筹款时间截止后，如果创业者获得了足额的资金，那么需要与投资者签订投资协议。股权众筹投资协议与一般投资协议的内容、要求十分相似，大致包括投资者在项目中的所投资金和所获股权。此外，投资协议还应规定协议双方的权利和义务。

10.4　贸易融资

贸易融资指的是在商品交易中，银行运用结构性短期融资工具，基于商品交易中的存货、预付款、应收账款等资产进行融资。

10.4.1　国际贸易融资

在如今的市场中存在一些不确定因素，如何利用有限的资源降低贸易风险、实现快速融资，成为一些对外贸易公司遇到的难题。国际贸易融资指的是围绕国际贸易结算的各个环节产生的资金和信用的融通活动，具有融资方式多样、融资手段灵活的特点。各国政府、银行和进出口公司为本国公司提供资金，降低其供应链风险，帮助其健康、稳定地发展。

比较常见的国际贸易融资主要包括以下两种。

1. 出口保理

出口保理指的是保理公司以较低的价格购买出口公司的短期应收账款，并向进口公司催收到期账款。在保理公司确定进口公司的支付能力后，出口公司直接收到预付货款，无须经历 30 天、60 天或 90 天的等待期。

值得注意的是，出口保理不是债务，因此不会体现在资产负债表中。由于保理公司只审核进口公司的信用额度，不审核出口公司的财务状况，因此出口保理成为中小型贸易公司的首选。

2. 供应链融资

供应链融资是针对中小型公司的新型融资模式，其实质是通过管理核心公司的现金流，为整条产业链上的公司提供资金。供应链融资通常利用保理、票据贴现、库存贷款、结构性担保等融资工具分散风险，这种融资模式的门槛、风险较低，成为越来越多中小型贸易公司的选择。

国际贸易融资对全球贸易至关重要，它可以加速公司的现金回流，降低贸易风险，帮助公司解决资金短缺的危机。

10.4.2　补偿贸易融资

补偿贸易融资指的是由投资者提供机器设备、技术和培训人员等相关服务，由公司提供场地、原材料和劳动力，在产品生产完成后，公司用产品或其他方式偿还投资者，清偿完毕后机器设备等归公司所有。这是一种新型融资模式，它将融资与贸易相结合，实现了投资者和公司的资源互补。

根据不同的偿还方式，通常将补偿贸易融资分为直接产品补偿、间接产品补偿、综合补偿，如图 10-1 所示。

直接产品补偿是补偿贸易融资的基本形式，它指的是公司将生产出来的产品直接返销给投资者，用返销价款偿还机器设备和技术的价款。直接产品补偿对产品的性能、质量等方面有严格的要求，不仅要符合投资者的标准，还要符合国际市场的标准。

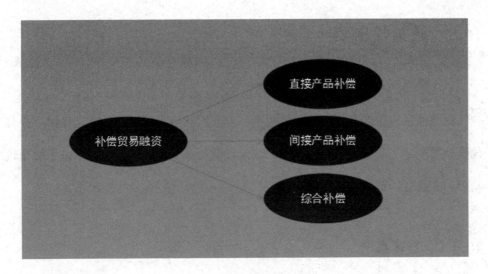

图 10-1　补偿贸易融资的种类

间接产品补偿指的是用双方协定的原材料或其他产品偿还机器设备和技术的价款。

综合补偿是对上述两种偿还方式的综合应用，即用产品、原材料、货币等偿还机器设备和技术的价款。

创业者可以根据公司的资金状况、产品的生产情况等因素，选择合适的补偿方式。

补偿贸易融资虽然不能直接满足公司的资金需求，但是可以有效减少公司的成本支出，实现可持续发展。例如，汇源的前身是一家破旧的水果罐头厂，汇源的创始人在接手该罐头厂时，厂里几乎一无所有。于是，他采用补偿贸易融资模式，引进了一整条果汁生产线，并且用产品逐步偿还机器设备和技术的价款。

10.5　政策性融资

政策性融资指的是根据国家的政策，以政府信用为担保，由政策性银行或其他银行对一定的项目提供金融支持。政策性融资成本低、风险小，不过手续比较复杂，并且有一定的规模限制。

10.5.1　专项基金

专项基金通常指有特定来源且有专门用途的资金，其覆盖领域较广，如大众传媒、高新技术、房地产、公用事业、电信、金融等。

凯雷集团是全球最大的私募股权基金机构之一，通常只投资比较熟悉的行业，这意味着凯雷集团能够走在其涉猎领域的前沿。凯雷集团以"风格保守、纪律严明"为投资原则，致力于在熟悉的行业中对卓越的公司进行投资，持续创造高收益，赢得高回报。

经过多年的深耕，凯雷集团接触过的行业包括房地产、航空、交通、能源、电力、媒体、电信、高新技术等。在兼顾数十个行业的同时，凯雷集团凭借丰富的经验，帮助旗下的投资公司化解危机，从容应对各个行业中的挑战。

与大多数战略投资者不同，凯雷集团通常会保持旗下投资公司在运营、管理等方面的独立性，并与其专业的投资团队携手出资。这样，其旗下的投资公司可以在保持自身独立性的同时，享受凯雷集团的经验和资源。在 30 多年的经营过程中，凯雷集团始终为旗下的投资公司提供有利的合作和发展环境。凯雷集团曾持有或依然持有股权的公司包括太平洋保险集团、麦当劳、海尔、阅文集团、赶集网、统一润滑油等众多著名公司，其投资逐渐聚焦于传媒、金融、电信、科技等领域。

创业者在申请融资时，应该结合行业性质和公司的经营情况，有针对性地选择专项基金。此外，创业者还应该遵守专项基金的使用原则，即"专款专用、先存后用、量入为出、节约使用"，从而提高资金的使用效率，助推公司繁荣发展。

10.5.2　高新技术融资

高新技术公司指的是在《国家重点支持的高新技术领域》范围内，以公司独有的知识产权为基础开展深度的生产、研发、经营活动，并且注册时间满 1 年的居民公司。这些公司通常受到国家的重视，享受全国或地方性的优惠政策。例如，在税收方面，高新技术公司的研发费用可用于抵减税款，并且抵税比例显著高于非高新技术公司。

由于高新技术往往需要大量资金的支持，因此高新技术公司对资金的需求非常迫切。不过，高新技术公司的资产多为无形资产，难以用于抵押或质押贷款。在这种情况下，利用国家政策进行高新技术融资，成为许多高新技术公司的首选。

国家通过设立科技基金来扶持高新技术公司，高新技术公司通过这种方式申请的资金属于专项资金，可以用来解决产品研发等技术问题。不过，申请科技基金对公司的专利数、科技成果等有着严格的要求，这些要求可以推动公司实现战略升级，从而成为名副其实的高新技术公司。

艾尔普向我们展示了高新技术对资本的强烈吸引力。艾尔普是一家利用干细胞及再生医学技术治疗难治性退行性疾病的生物科技公司，其核心技术是将体细胞诱导为干细胞，从而实现人体细胞或组织器官的再生。医学界的许多人士相信，该技术能为再生医学带来巨大的变革，有望治愈被神经退行性疾病和心衰疾病困扰的病人。

许多业内外的投资者十分看好艾尔普在再生医学领域的发展前景。2019 年 5 月，艾尔普在 A 轮融资中获得了数千万元的资金。作为领投人的雍创资本十分看好艾尔普的发展前景，相信其将在未来研发出更多创新性产品。

2020 年 5 月，艾尔普成功利用干细胞及再生医学技术治疗心衰病人的临床试验被刊登在《自然》期刊上。2020 年 10 月，艾尔普完成 A+轮融资，雍创资本、紫牛基金等老股东全部跟投，艾尔普共计获得融资 5000 万元。其创始人王嘉显表示，艾尔普将基于该研究成果进一步为终末期心衰病人提供治疗方案，融资获得资金将用于优化制备技术和生产放量工艺，实现产品的批量化生产。

第 11 章　高效融资方法论

如何进行高效融资？创业者可以通过撰写吸引投资者的商业计划书、筛选投资者、仔细审核融资合同、预先设计投资者退出机制等方法，提高融资效率。

11.1　撰写吸引投资者的商业计划书

条理清晰、内容丰富的商业计划书可以起到事半功倍的效果，提高融资成功的概率。

11.1.1　八大要素打造优秀的商业计划书

优秀的商业计划书主要包括八大要素，如图 11-1 所示。

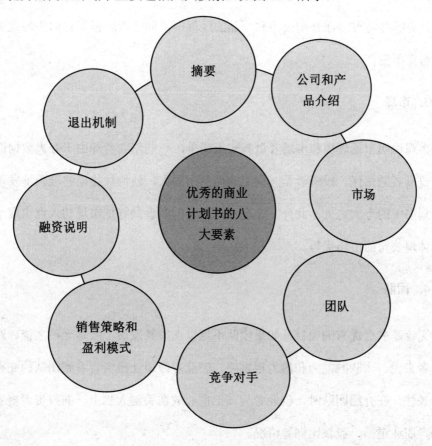

图 11-1　优秀的商业计划书的八大要素

1. 摘要

优秀的商业计划书首先展示的是摘要。在摘要中，创业者需要用简洁的语言准确表达创业思路，说明其可行性和实际价值，让投资者对项目产生兴趣。摘要部分一定要精简，不能长篇大论。

2. 公司和产品介绍

首先，创业者要向投资者介绍公司，说明公司是做什么的、未来要做什么，让投资者对公司有一个大致的了解；然后，向投资者展示产品，简洁明了地表现产品具有哪些特点。在介绍公司和产品的过程中，创业者应强调它们的与众不同和核心竞争力。

3. 市场

客观说明市场规模和市场容量其实很简单，一些创业者却由于夸大数据而失去了投资者的信任。投资者是一群专业而精明的人，他们往往能够准确地发现商业计划书中的夸大之处。此外，在这一部分，创业者最好把市场切入点也展示出来，体现公司的市场优势。

4. 团队

无论是多么优秀的项目，如果团队不足以支撑其发展，就是无稽之谈。对于投资者来说，团队的能力和潜力很重要，创业者应该让投资者看到团队的完整性和成长性。在介绍团队时，创业者应该把重心放在关键人物上，向投资者展示其履历、职业道德、股权比例等情况。

5. 竞争对手

竞争对手是投资者比较关心的要素，投资者大多希望在商业计划书中看到公司的竞争对手是谁、实力如何，以及公司的优势是什么。在这一部分，创业者需要通过公司与竞争对手之间的比较，突出自身的优势，说明公司为什么能在竞争中取得胜利。

6. 销售策略和盈利模式

在商业计划书中，销售策略主要涉及消费人群、营销渠道、营销队伍、宣传策略和价格计划等方面。在投资者对销售策略有所了解后，创业者还要说明公司的盈利模式。投资者普遍喜欢盈利模式明确的公司，即使公司近期无法进入盈利阶段，创业者也要公司对未来的盈利情况做出合理的判断。

7. 融资说明

公司的融资金额应根据实际需求来确定，既不多要，也不少拿，并且要"用之有道"，这样投资者才会认可并投资。在这一部分，创业者需要说明融资金额、出让股权、资金用途等。

8. 退出机制

大多数投资者没有兴趣长期持有公司的股权，一般会选择在某个恰当的时机抽身，通过其他方式获取更大的利益。创业者应尽可能满足投资者的要求，在商业计划书中向他们展示比较完善的退出机制。

11.1.2 投资者高度关注的投资逻辑

在查看商业计划书时，投资者通常遵循"干柴烈火"的投资逻辑。简单来讲，市场中要有"海量刚需"，即"干柴"，团队要具备"星火燎原"的产品，即"烈火"。两者结合在一起能够迅速发生反应，"点燃"整个市场，因而可以获得投资者的青睐。

快手既是一个短视频社区，也是记录和分享生活的平台。用户可以在快手中观看自己喜欢的视频，快手会基于大数据分析向用户推送其比较感兴趣的视频。快手中的视频种类多样，如知识类、娱乐类、搞笑类，音乐类等，用户可以各取所需。

用户刚需、爆款产品使快手多次获得投资机构的支持。例如，快手获得了晨兴资本投资的数百万美元和腾讯、红杉资本投资的10亿美元。快手抓住了商业模式的本质，巧妙利用了知名投资者的投资逻辑。

创业者的公司应该达到"跑道足够长、引擎足够强、团队足够牛、产品足够好、燃料足够多"5个要求。在撰写商业计划书时，创业者要将"干柴烈火"的投资逻辑贯穿其中，对市场和自身产品的优势进行分析，从而吸引投资者的目光。此外，创业者还要找出自身独有的优势，即竞争壁垒，给投资者一个非投不可的理由。在融资的过程中，揣摩投资者的投资逻辑非常重要。创业者应该根据投资者的投资逻辑撰写商业计划书，突出项目的亮点，以便顺利完成融资。

11.1.3　文字形式和 PPT 形式哪一种更好

对于创业者来说，只要可以从投资者那里顺利获得资金，就在一定程度上意味着项目可以发展得更好、持续得更久。能否获得资金与商业计划书的质量息息相关，所以，在融资的过程中，商业计划书十分重要。

对于商业计划书，一些创业者不知道应该使用文字形式还是 PPT 形式。事实证明，大多数投资者更喜欢 PPT 形式，因为这种形式的商业计划书视觉效果更好，看起来更有活力和吸引力。不过，这不代表文字形式的商业计划书没有可取之处。

在通常情况下，文字形式的商业计划书可以帮助创业者更好地厘清思路，提炼项目的精华。如果能以 PPT 形式将这些精华展示出来，那么既有利于投资者对项目的整体情况形成更深刻的认识，又可以帮助创业者对各个细节进行复盘。

创业者可以先撰写一份内容详尽、条理清晰的文字形式的商业计划书，再从中选出亮点，以 PPT 形式展示给投资者。PPT 形式的商业计划书通常以点、面为主，涵盖最关键、核心的内容；文字形式的商业计划书需要洞察整套商业模式和运作流程，即点、线、面都要涉及。

11.1.4　撰写商业计划书的常见错误

几乎每个创业者都需要撰写商业计划书，不过，并不是所有商业计划书都可以被投资者认可。投资者投资项目，不仅与项目本身有直接关系，商业计划书也发挥了重要作用。为了使融资更顺利，创业者在撰写商业计划书时应避免以下几种常见错误。

1. 给投资者一种"群发"的感觉

在融资的过程中，为了提高融资成功的概率，创业者通常会与多个投资者交流、沟通。在这种情况下，很可能出现"群发"商业计划书的情况。投资者的时间很宝贵，他们在筛选项目时，往往会先过滤"群发"的商业计划书。

创业者尽量不要"群发"商业计划书，如果时间紧，必须"群发"，那么应在邮件中表现自己的"专一"，将自己的真诚展示出来。此外，创业者还要注意，不能犯细节方面的低级错误，如字体不统一、文字颜色不统一、乱用标题等。这些错误会影响商业计划书的质量，甚至影响融资能否顺利进行。

2. 模糊与背景、团队有关的内容

模糊与背景、团队有关的内容是撰写商业计划书的常见错误之一。很多投资者在投资时非常看重"人"的要素，即创始人和团队。因此，在商业计划书中，创业者不仅要介绍自己的背景，还要将团队的核心能力和突出优势展示出来，为融资项目加分，获得投资者的信任。

3. 过度使用生僻概念

撰写商业计划书的目的是获得融资。为了让投资者迅速看懂其中的内容，创业者不应该过度使用自造或生僻的概念来包装项目。一些创业者认为，使用越多专业、难懂的名词，越能让项目有深度、有价值，因而经常将各种概念套用到商业计划书中。实际上，这些概念会让投资者耗费更多的精力来理解，导致投资者减少投资兴趣，反而不利于创业者获得投资。

在一般情况下，撰写商业计划书应该遵循"简而精"的原则，即用最简单、

精练的概念和语言将项目清楚、完整地呈现出来。这样既能节省投资者的时间，又能让投资者看到项目的本质，以便更快地做出投资决策。

11.2　投资者筛选和融资谈判

不是所有投资者都适合创业者的公司。创业者在筛选投资者之前，应该先在脑海中构想自己需要什么样的投资者，再有针对性地和投资者谈判，这样才能提高融资成功的概率。

11.2.1　3 类投资者，总有一类适合你

投资者一般分为 3 类，分别是财务型投资者、生态型投资者、控制型投资者。其中，财务型投资者希望通过投资来获得收益，非常注重财务回报；生态型投资者希望通过投资来弥补自己在某一领域的短板；控制型投资者希望获得公司的控制权，很可能导致创业者被迫出局。

从公司独立性的角度来看，生态型投资者对公司的管控相对宽松，更有利于创业者发挥自己的能力；财务型投资者次之；控制型投资者一般会对公司的发展方向产生较大影响。随着公司的发展，3 类投资者可以互相转换。

例如，某高端餐饮品牌创始人为了获得投资者的投资，同意在投资协议中添加对赌条款，即如果公司无法在两年内上市，那么投资者有权退出，该创始人需要退还投资款，并支付高额利息。在这个阶段，投资者是财务型投资者。受到经

济环境的影响，该创始人无法在约定的时间内带领公司上市。为了退还投资者的投资款和利息，该创始人不得不将股权低价出售给投资者，自己被迫出局。在这个阶段，投资者转换为控制型投资者。

再如，某电商公司成立 1 年后，获得了 A 投资者 2000 万元的投资。受到经济形势的影响，融资难度提高，该公司以 8000 万元的价格将 80%的股份出让给 B 投资者。B 投资者为了尽快获得财务回报，分 3 次将股份全部转让给 C 机构。C 机构在与创始团队、A 投资者谈判后，获得了余下 20%的股份，这导致创始团队出局。在这个案例中，B 投资者为财务型投资者，C 机构为控制型投资者。在利益面前，参与各方很难做出太大的让步，谁都无法预料后续发展如何。所以，创业者在选择投资者时应该理性、慎重。

11.2.2 寻找投资者的常用渠道

如果能够找到投资者，融资的"大门"就算向创业者敞开了。在寻找投资者时，创业者可以从以下常用渠道入手。

1. 通过媒体寻找投资者

一方面，很多投资者会在媒体中公开寻找投资项目，创业者平时可以多关注一些专业的融资平台，通过其发布的信息寻找投资者；另一方面，创业者也可以主动在媒体或融资平台中刊登广告，发布一些项目信息，主动寻找投资者，以便成功获得融资。

2. 扩大人脉圈

创业者应当利用企业家聚会和其他途径，尽可能多地结交各界朋友。结识的朋友越多，创业者的人脉圈子越大，认识投资者的机会就越多。创业者要明白"多一个朋友，就多一次机会"的道理，不要忽视任何一个朋友，不要错失任何一次机会。

3. 与正规的中介合作

有时候，通过中介寻找投资者也是一个不错的选择。不过，创业者应该审查中介的资质，查验其是否规范、合法。中介可以为创业者引荐合适的投资者，帮助创业者建立良好的人脉圈。创业者也可以借助中介的专业知识，听取一些合理的建议，这有助于增加项目被投资者看中的可能性。

除了掌握寻找投资者的常用渠道，创业者还应该在寻找投资者的过程中注意以下问题。

（1）品牌。有品牌的投资者往往要求比较高，一般创业者很难获得他们的青睐。若能争取到这些投资者的投资，则证明创业者的项目具有一定的发展潜力和竞争力。有品牌的投资者能为创业者带来的不只是资金，还有品牌溢价和各种资源。

（2）志同道合。在寻找投资者时，创业者需要了解对方是否对自己所处的行业感兴趣，彼此之间会不会在某些原则性问题上有较大分歧，等等。

（3）资源整合能力。资源整合能力能够使公司获得更广阔的发展空间，对公司的发展壮大具有重要的作用。

11.2.3　与投资者接触的 4 种技巧

在尽职调查后期，如果投资者没有发现重大隐瞒问题，就会与创业者就某些细节进行更深入的商讨。在接触的过程中，谁能占据主动地位，谁就能获得更多的利益，拥有更多的话语权。那么，应该如何与投资者接触呢？创业者需要掌握以下 4 种技巧。

1. 花言巧语，不如展示数据

在进行融资谈判时，创业者可以先向投资者展示数据，然后对数据进行详细解释。很多投资者不喜欢无趣、枯燥的概念和陈述，更喜欢可以反映项目真实情况的数据。数据既能让项目更直观、立体，也能增加投资者的兴趣。

2. 长篇大论，不如击中要点

如果融资谈判在 1.5 小时甚至 2 小时内没有产生结果，就没有必要进行下去了。融资谈判的时间应该控制在 1 小时左右，这段时间足够创业者和投资者交心、互动。在这段时间内，创业者可以把所有能吸引投资者的要点都展示出来。

3. 寻求反馈，不如要点资源

在被投资者拒绝后，一些创业者可能会寻求反馈，其实这种做法意义不大。如果投资者不想投资，那么投资者可能是这样想的："整个团队看上去好像不太可靠，项目也没有亮点，商业模式更行不通。"对于投资者的这类想法，创业者往往很难以平常心来接受，甚至一些过于执着的创业者可能会与投资者争辩几句。因此，大多数投资者不愿意给创业者反馈，以免在无意中得罪了创业者。如果投资者拒绝投资，那么创业者可以尝试让投资者介绍其他人脉资源。

4. 用一些疑问句，学一点修辞学

对于融资谈判中的很多方面，修辞学大有裨益，创业者应该花一些时间和精力来提升自己的语言功力。在谈判中，使用疑问句的效果通常更好。例如，"您还能增加多少资金""您需要我们做什么才可以对我们投资"等。这些疑问句无法用简单的"是"或"不是"来回答，创业者得到的答案会更有价值和意义，双方也可以拥有平等的话语权。

为了得到更多的好处，一些创业者可能会口无遮拦，让投资者产生被冒犯的感觉。在与投资者谈判时，创业者可以由浅入深地提一些比较敏感的问题，在不破坏投资者心情的前提下，加深与投资者之间的交流，推动融资获得成功。

11.2.4 如何挽回拒绝自己的投资者

如果与投资者的第一次会面已经过去了一两个月还没下文，那么基本上意味着投资者不会投资了。不过，即使在融资失败的边缘，创业者也应该进行最后的尝试。融资是一个漫长的过程，一些风投基金可能会花费半年甚至更长的时间来审核项目。

在这种情况下，创业者可以找一些理由，与投资者再次见面。例如，产品在近期有重大更新就是一个很好的理由。创业者可以在邮件中告诉投资者："我想让

您看一看产品的新版本，相信您会觉得我们的产品非常有意思。我保证不会占用您超过 30 分钟的时间。"再如，公司最近签下了某个大客户，或者在战略上有重大调整，也是与投资者再次见面的理由。总而言之，创业者应该想方设法见到投资者，尽力争取一切融资机会，挽回投资者。

11.3　正式签署融资合同

在正式签署融资合同前，创业者一定要仔细审核，警惕投资者在其中加入不合理的条款，窃取公司的控制权。

11.3.1　出资金额和股权比例

融资合同中会规定出资金额和股权比例。下面是一份融资合同中关于这些内容的范例，供读者参考和学习。

融资合同

第××条　融资金额和打款

（1）为保护甲、乙双方的权益，甲方对融资额度设定最低金额，本次融资额度最低为××万元。

（2）在签订本合同后，乙方必须一次性将资金打入双方共同账户，取款必须经双方签字确认。

第××条　股权分配

（1）甲方占全部股权的××%，收益按××%获得，利益分配按照实际情况××个月进行一次。乙方占全部股权的××%，收益按××%获得，利益分配按照实际情况××个月进行一次。

（2）在甲、乙双方签订本合同后，乙方将资金一次性打入双方共同户名的对公账户，取款必须经双方签字确认。

11.3.2　组织架构和双方的职责

融资合同中会规定公司的组织架构和双方的职责。下面是一份融资合同中关于这些内容的范例，供读者参考和学习。

融资合同

第××条

甲、乙双方或甲方成立公司，公司设董事会，董事会是公司的最高权力机构，决定公司一切重大问题。公司董事长由甲方法定代表人担任。

第××条

公司董事会及其组织机构以《中华人民共和国公司法》《中华人民共和国公司法实施细则》为依据，并参考甲、乙双方的共同意愿或甲方的意愿来设立。

第××条

乙方投资者不享有公司股权，不参与公司经营管理，不承担公司日常经营过程中所发生的一切经济风险和法律风险。公司由甲方负责经营管理，乙方投资者委托开户银行或委派财务总监对投资款流向进行日常监督，甲方必须做到资金专款专用，并定期向乙方投资者汇报资金使用情况。

11.3.3　控制和保护投资者

融资合同中会规定控制和保护投资者的条款。下面是一份融资合同中关于这些内容的范例，供读者参考和学习。

融资合同

第××条

乙方应保证资金来源合法。在合作期内，若甲方无违约和其他过失行为，则乙方不得随意加收利息或其他费用，并不得提前撤回资金。若项目由乙方委托第三方投资者投资，则乙方应尽监督责任，并协助甲方制止第三方投资者随意加收利息或其他费用的行为。

第××条

在签订本合同后，乙方可对项目真实性进行核实。若核实无误，则乙方不得以任何不正当理由单方面中止本合同，并需要全力保证资金按时、足额到位。若超过60天首笔资金仍未到位，则乙方应该及时退还甲方保证金。

第××条

本合同一经签订，甲方不得以任何不正当理由中止合作，否则前期向乙方支付的××万元保证金将作为对乙方的经济赔偿，乙方不再退还甲方。

11.4　为投资者设计退出机制

在投资的过程中，大多数纠纷是在股东退出的时候发生的。创业者应提前为投资者设计退出机制，和投资者好聚好散。

11.4.1　常见退出方式

对于投资者来说，投资的本质是一个"投资—退出—再投资"的循环过程。退出是指在公司发展到一定阶段后，投资者将自己的股权转化为资本，从而获得利润或减少损失的过程。退出不仅关系到投资者的收益，更体现了资本循环流动的特点。

退出方式的选择和操作非常重要。投资者的退出方式主要有 4 种，分别是上市、股权转让、回购、清算。创业者应当为投资者设计退出机制，让投资者知道自己在什么情况下可以退出，以及如何退出。

1. 上市

上市是投资者最理想的退出方式，可以实现投资回报最大化。公司上市后，股票可以在证券交易所自由交易，股东只要卖出股票即可。上涨的股价和较高的估值使"上市"成为众多投资者理想的退出方式。不过，上市虽好，却对公司资质的要求比较严格，手续烦琐，成本较高，大部分创业者不会向投资者保证公司一定能上市。不过，投资者在看准项目后往往愿意赌一把。

2. 股权转让

股权转让是指投资者将自己持有的股权和股东权益有偿转让给他人，从而实现股权变现的退出方式。根据股权交易主体的不同，股权转让分为离岸股权交易和国内股权交易。

3. 回购

回购是指投资者通过股东回购股权或管理层收购股权的方式退出。在通常情况下，这种退出方式并不理想，只能保证在公司发展得不太好时，投资者所投的资金可以安全撤回。

4. 清算

创业者不希望公司发生清算事件，投资者也不希望，因为通过清算来退出投资是投资者获益最小的退出方式。如果公司经营失败，或者由于其他原因导致上市、股权转让等无法实现，投资者就只能通过这种方式退出。

向投资者说明退出机制，相当于给投资者吃了一颗"定心丸"，投资者可以由此确定创业者的考虑是比较长远的，在投资时会更有安全感。

11.4.2 预防投资者退出的技巧

为了避免投资者随意退出给公司带来不必要的影响，创业者应该掌握预防投资者退出的技巧，在一定程度上约束投资者的行为。

1. 公司股权分期成熟

在分配股权时，创业者可以规定公司的股权是分期成熟的，投资者的股权按照投资年限逐年成熟。投资者在投资年限不够时离开，公司可以按照其具体的投资年限计算其已经成熟的股权，以双方约定的价格回购投资者的股权。

2. 违反规定必须赔偿高额违约金

常见的退出惩罚机制是在入股合约中设置高额的违约金，违约金的数额越大，对投资者的约束力越强。当然，不能因此将违约金设置成"天价"，这样对小股东是不公平的。比较合适的违约金数额应该略高于投资者退出给公司带来的损失，这样既能保护其他股东的权益，又能让退出的投资者有一定的损失且不至于无法接受。

需要注意的是，退出惩罚机制应当对所有投资者有效，否则就失去了公平性，不仅不能起到约束作用，不利于团队建立信任感，反而有碍于公司的发展。退出机制是对公司和投资者的双向约束，对二者的利益都可以起到一定的保护作用。

11.4.3 如何处理合约未到期的退出事件

如果投资者在合约期内要求退出，那么应该如何应对？这是创业者在与投资者签订合约时应该考虑的问题。要想解决这个问题，创业者可以从以下几个方面入手。

1. 公司亏损退出方案

投资者之所以入股，大多是因为看好公司的发展形势。当公司的发展形势不明朗时，投资者一般会及时止损，提出退出的申请。在公司的发展困难期，投资者的退出无疑是雪上加霜。因此，为保证公司继续发展，创业者需要设计一套完善、可行的退出机制。

在设计退出机制时，创业者必须明确一点，即投资者可以退出，不过不能带走股权。在公司亏损时提出退出的投资者没有挽留的必要，其初期的投资行为可以被看作一种投机行为。

为了避免公司的资金链发生危机，影响公司的存续性，创业者应在退出机制中约定，投资者在公司亏损的情况下退出，不能带走公司的启动资金和股权。

2. 公司盈利退出方案

根据相关法律的规定，投资者不能随意撤回投资，否则会被视为抽逃出资，必须受到行政和刑事处罚。投资者只有在符合退股的法定情形下，才能在合约期内中途退股。如果公司运营情况良好，一直处于产生盈利的状态，那么投资者由于自身原因在合约期内退股，只能选择转让股权、请公司回购股权，或者诉请解散公司。

在这种情况下，创业者应该主要考虑价格因素。回购价格过低会损害投资者的利益，同时，因为其在合约期内退股，所以回购价格也不宜过高。在确定回购价格时，创业者可以采用以下 3 种方法。

（1）协商价格。在投资者提出退出后，创业者与其协商一个双方都满意的回购价格。

（2）通过章程事先约定价格或计算方式。创业者可以在与投资者签订入股合约时规定股权回购价格，如以退出时公司的净资产计算或按照原始出资价格退回等。

（3）司法评估价格。如果是因为公司强制收回股权等情况，投资者向人民法院申请诉讼退股，那么法院一般会委托专业的评估机构对回购价格进行评估。

3. 股权转让限制

股权虽然可以自由转让，但是不等于可以随意转让。创业者应该设定股权转让限制，包括受让方资格限制、股权转让场所限制、股权转让时间限制等，这样可以更好地保护公司和其他股东的利益。例如，某公司规定投资者要想退出，必须满足"持有股权 1 年以上"的条件。

第 12 章　规避融资风险

投资有风险，入行需谨慎。其实，不仅投资有风险，融资也不例外。在融资的过程中存在哪些风险？创业者应该如何应对风险呢？本章将解决这些问题，帮助创业者安全、低成本地完成融资。

12.1　警惕融资陷阱

　　一些创业者认为融资很简单，只要和投资者谈一谈就可以了。事实并非如此，融资之路很长，其中有很多陷阱，创业者不能想当然地以为只要拿到钱就万事大吉了。有时候，创业者一不小心就可能掉入陷阱，导致融资失败、人财两空。

12.1.1　投资者恶意获取公司机密

　　创业者被投资者恶意获取公司机密的案例在创投圈中屡见不鲜。某些人想创业，却没有好的创意，于是假扮"投资者"，以"投资者"的身份参加各种融资沙龙、峰会，在需要融资的项目中寻找与自身比较匹配的项目。等到活动结束后，他们就私下和创业者沟通，继续考察项目，深入了解项目的核心要点，在需求得到满足后果断退出，创建类似的项目。

　　知名投资者在业内有一定的名誉背书，基本上不会做出违反行业规则的事情，陌生投资者就不一定了。如果创业者正在接触某位陌生投资者，而且对方非常热情，那么很可能动机不纯。

　　例如，某位互联网公司的创始人曾在创业的过程中被投资者出卖过。在公司最艰难的时候，该投资者表示愿意投资，帮助公司渡过难关。当时，该创始人毫无戒备之心，该投资者很快摸清了公司的底细。不久，公司的竞争对手便知道了公司的很多商业机密。

　　如果公司的商业机密被投资者恶意获取，那么创业者应该怎么办？在与投资者沟通的过程中，创业者应该如何防止商业机密被恶意获取？下面将介绍创业者对投资者的事先防范机制，如图 12-1 所示。

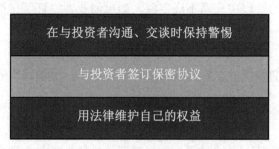

图 12-1 创业者对投资者的事先防范机制

首先，在与投资者沟通、交流项目的时候，创业者要对投资者进行评估，衡量是否需要和对方探讨核心内容。有时候，投资者的投资意向不大，创业者可能会为了尽快获得投资而透露项目细节。如果投资者最终不投资，那么创业者一定会后悔透露了太多项目细节。

其次，为了保证公司的商业机密不被泄露，创业者应当在告知商业机密之前与投资者签订保密协议。在保密协议中，创业者可以做出以下规定："双方因投资意向关系获得的对方未公开的资料仅限于指定用途，未经对方许可不得用于其他目的或向第三方泄露。"如果发现投资者违反了保密协议中的条款，那么创业者可以要求赔偿，或者通过法律途径维护公司的权益。

最后，即使双方没有签订保密协议，投资者把恶意获取的公司机密透露给第三方或自己使用，也属于违法行为。如果创业者发现投资者利用洽谈项目的机会套取公司的机密，那么可以对其提起诉讼，追究其法律责任。

12.1.2　随意接受投资者提出的排他性条款

在寻找投资的过程中充满不确定性。如果创业者签订了排他性条款，只能接触某一位投资者，不能与其他投资者接触，那么风险会更大。一些创业者有过类似这样的经历：与投资者签订了投资协议条款清单，可是投资者迟迟没有回应，等到过了排他期，创业者也错过了最佳融资时间。

融资通常需要几个月的时间，如果签订了排他性条款，那么创业者只能把时间花费在某一位投资者身上。无论该投资者是否有名，一旦融资失败，创业者就很难重新融资。因此，创业者最好不要签订排他性条款。如果必须签订，那么创业者最好对排他性条款加以限制，排他期时间越短越好。在到期时，如果对方的态度含糊不清，那么创业者最好立即放弃该投资者，寻找其他投资者。

12.1.3　对投资者时冷时热

在融资时，创业者不可以对投资者时冷时热，应该维护与投资者的长期关系。在很多时候，投资者提供的不只是资金，还有经验、社交资源等。创业者与投资者保持良性互动，可以更好地促进双方协同前进，实现双赢。在维护双方的关系时，创业者应掌握以下要点。

1. 定期发送财务报表和运营报告

创业者应当向投资者定期报告公司的运营情况，包括公司资产、财务状况、负债、业务、运营、经营成果、客户关系、员工关系等。此外，定期向投资者汇报财务管理、董事会决议、重大合同、投资活动、融资活动、重要管理人员的任免、经营范围变更等情况，还有利于投资者及时发现对项目发展不利的因素，从而帮助公司更好地发展。

2. 约定双方定期交流

创业者不太可能凭空猜出投资者的想法，这要求双方定期交流，像朋友聊天一样沟通彼此的想法。定期交流有利于创业者及时发现投资者的异常。

投资者是出钱的一方，通常会非常关心自己的投资。如果投资者突然表现出无所谓的态度，那么很可能发生了某些意外，如投资者可能想撤资。创业者应该确保投资者对项目保持关注，一种有效的方法是经常与投资者交流。

创业者与投资者定期交流，既有利于建立良好的合作伙伴关系，也有利于在需要帮助时及时寻求帮助。

12.1.4 为节约成本不聘请律师做融资顾问

在创业公司内部，精通融资的人一般较少。如果不聘请专业的律师做融资顾问，那么融资过程可能会十分坎坷。融资顾问可以凭借其专业的知识和丰富的融资经验为公司设计融资方案，预防法律风险，解决各种法律问题。

在融资前，融资顾问可以对融资项目的法律环境和政策环境进行尽职调查，确保融资方案合法有效、有可操作性。在融资的过程中，融资顾问可以参与谈判，审核投资者的投资协议条款清单和投资协议等相关法律文件，对各种融资方式中可能出现的股权变动、管理权共享、资本注入方式等诸多法律问题进行妥善处理，确保相关操作合法有效。

具体来看，在融资的过程中，融资顾问的职责包括：对融资项目进行尽职调查、可行性分析和全面的法律风险评估；就融资项目提出专业的法律意见，对可能涉及的法律事务进行分析；制定融资方案，设计融资框架，选择合适的融资方式；参与和投资者的谈判；起草、审查有关项目融资的各种合同文件，包括项目融资合同、担保合同等，并提供律师见证服务；办理融资所需文件的批准和登记手续；协助改变公司治理结构，建立风险预防管理机制；监督融资项目的日常经营管理，及时处理相关法律问题。

如果有条件，那么创业者最好聘请专业的律师做融资顾问，千万不要为了节约成本而因小失大。

12.2 绕开融资路上的"坑"

随着融资渠道的拓宽，融资路上的"坑"逐渐显现出来。如果创业者没有提前防范，不小心掉进"坑"里，那么对本来就缺少资金的公司来说，无疑是雪上加霜。因此，创业者必须想方设法绕开融资路上的"坑"，顺利获得需要的资金。

12.2.1 设定融资限制，拒绝"大面积撒网"

国内外有很多投资机构和投资者，创业者应当广泛接触投资者，不要画地为牢。大部分项目在每一轮融资时平均要谈几十个投资者，创业者在开始融资时可以列一张投资者清单，其中可以包括有资金实力的校友、同行创业者、同职业者、公开的投资者等。

在广泛接触后，创业者就可以判断投资者的专业性了。有了初步判断，创业者可以从中筛选 3～5 个真正有投资意向的投资者，与他们进行深入接触和沟通。

经过深入接触和沟通，创业者需要选择其中一个投资者，与之签订投资协议条款清单。需要注意的是，签订投资协议条款清单并不意味着投资者一定会投资。有些投资者很轻易地就签订了投资协议条款清单，但最后可能不会投资。对于这个问题，魔方金服创始人凌骏的解决方法是"在签订正式的投资协议前，一刻都不能放松，随时准备新一轮融资"。

凌骏从上海交通大学上海高级金融学院毕业后，经常利用业余时间参加创业者聚会。在聚会上，凌骏知道了签订投资协议条款清单并不代表融资成功。因此，在为魔方金服寻找 A 轮融资时，直到凯泰资本和戈壁创投 9500 万元的资金到账，凌骏才放松警惕。这个案例带给创业者的启示是，在资金还没有到账的时候，始终不能放弃寻找投资者。

12.2.2 随意接受投资者的对赌协议

一些创业者在为项目寻找投资者的时候，往往只看重资金，却忽略了投资者提供资金的动机。到了项目后期，投资者预期获得的收益过高，给公司造成了很大的影响，这时创业者才意识到找错了投资者，毁了自己的创业项目。

创业者因为签订对赌协议而被投资者罢免的案例非常多。例如，电商网站尊酷网创始人与投资者好望角签订了对赌协议，最终对赌失败，被罢免了董事长职位。如果投资者的预期收益过高，要求签订对赌协议，那么创业者一定要谨慎思考。

创业者应该如何防范对赌协议的风险呢？下面将介绍 4 种措施，如图 12-2 所示。

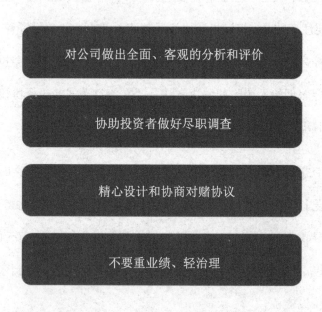

图 12-2　防范对赌协议风险的 4 种措施

（1）对公司做出全面、客观的分析和评价。无论是否签订对赌协议，创业者都应当对公司的历史、现状、未来业绩做出全面、客观的分析和评价。在这个基础上，创业者可以向投资者提供合理的预期增值数据。为了获得融资而伪造经营业绩的做法是不可取的。

（2）协助投资者做好尽职调查。尽职调查是降低投资风险的有效措施。对于投资者来说，尽职调查有助于筛选目标公司，降低投资风险。创业者应当向投资者公开公司的真实信息，协助投资者做好尽职调查，这样可以确保双方在共同受益的前提下设计对赌协议。如果创业者为了获得融资而虚报数据、欺骗投资者，那么终将自食其果。

（3）精心设计和协商对赌协议。在投资者要求设计对赌协议时，创业者应当聘请专家审核协议条款，并和投资者约定向下浮动的弹性标准。在上市方面，创业者应当尽可能争取较为宽松的预期时间。

（4）不要重业绩、轻治理。一些创业者被迫签订了对赌协议，为了实现对赌目标，他们重业绩、轻治理，重发展、轻规范，最终导致对赌失败。原因在于，公司的经营管理是保证公司持续稳定发展的前提，忽视底层建设，公司发展自然不会长久。

对赌协议的风险非常大，只要一步走错，创业就可能面临失败。创业者一定要谨慎对待对赌协议，除非迫不得已，否则最好不要签订。

12.2.3　承受不住投资者的怀疑

创业者或许对自己已经取得的成绩非常满意，不过，投资者依然可能怀疑创业者的管理能力和项目的可行性。事实上，投资者的怀疑是很常见的，这种怀疑是投资者检验项目是否值得投资的一部分，创业者应该正确对待、冷静处理。

优信集团 CEO 戴琨在向投资者介绍项目时，即使投资者的问题非常"无厘头"，他也会将问题分析得非常透彻，让非专业的投资者也能听懂。他非常幽默，在解释问题时会穿插一些搞笑段子，让投资者在轻松的氛围中了解项目。

创业者在面对投资者的怀疑时，应该掌握以下几个要点。

（1）耐心应对怀疑。耐心是创业者非常难得的品质。从某种程度上来说，投资者表示怀疑，意味着投资者对项目感兴趣。好的项目是经得起推敲的，创业者应当仔细解释投资者没有理解的地方。

（2）不能夸大投资回报。随着洽谈的深入，创业者会与投资者聊到核心问题，即财务预测。创业者应当实事求是，不能夸大投资回报，否则容易增加投资者的怀疑。如果投资者在尽职调查中发现创业者所说的投资回报只是"海市蜃楼"，那么投资计划必然失败。

正确、巧妙地处理投资者的怀疑，有利于推动融资成功。如果创业者对投资者的怀疑无言以对或做出"冷处理"，那么很可能挫伤投资者的积极性，甚至影响项目的可信度。创业者在融资时承受住投资者的怀疑，对融资成功十分重要。创业者应提前设想投资者可能提出的怀疑，并给出最佳回答。

12.3 关于股权分配的风险和处理方法

科学、合理地分配股权，能够加强融资管理，为整个团队建立竞争优势，推动业绩实现指数级增长。不过，在分配股权时，外部股权比例过大、股权架构不清晰、创业者失去控制权等问题很容易引发风险，导致公司蒙受巨大损失。为了顺利获得融资，创业者应避免关于股权分配的风险，并掌握处理相关风险的方法和技巧。

12.3.1　外部股权比例过大

在分配股权时，外部股权比例过大是一个"死穴"。这个"死穴"通常出现在初创公司中。如果初创公司缺乏启动资金和高素质人才，无法正确认识自身的价值，不能对股权进行合理规划，那么很可能出现赋予早期投资者或早期兼职员工大量股权的情况。这不仅会削弱创业者对公司的控制权，还会对整个团队的凝聚力和积极性产生负面影响。

下面通过张峰的案例对此进行说明。张峰是某公司的创始人，在一开始时，为了"撑场面"，他喜欢找一些比较优秀的兼职员工，并向其发放大量的股权。然而，这些兼职员工既没有负责很多工作，也没有承担经营风险，他们持有的股权与他们所做的贡献严重不匹配。久而久之，全职员工和其他尽心尽力为公司工作的股东对这种现象非常不满。

后来，张峰决定改变股权分配模式。对于兼职员工，他制定了"微股权"的方案，并且对其持有的股权设置了相应的成熟机制。如果通过考察，那么兼职员工可以转为全职员工，公司会根据实际情况向他们增发股权。

通过上述案例可知，创业者不应该提前发放比例过大的外部股权。对于只承诺投入资源，不负责管理、经营等工作的投资者，创业者最好只对其分配项目提成，不与其进行股权绑定。

12.3.2　股权架构不清晰的巨大隐患

1990 年，潘宇海在广东省东莞市长安镇开了一家甜品店。一段时间之后，他的姐姐（潘敏峰）、姐夫（蔡达标）加入其中。为了扩大经营范围，3 人决定推动甜品店转型，并将其更名为"真功夫"。凭借着"蒸品"这一特色，真功夫获得了迅猛发展，成为快餐行业的领军品牌。然而，真功夫曾因为股权问题导致估值不断缩水，经营和管理等工作一度停滞不前。

潘宇海及其姐姐、姐夫的股权分配如下：潘宇海占股 50%，姐姐、姐夫分别占股 25%。随着真功夫的不断扩张，3 人没有根据实际情况对股权进行重新分配和调整。2006 年，潘宇海的姐姐与姐夫协议离婚。姐姐潘敏峰主动出让自己的股权，导致蔡达标持有真功夫 50% 的股权。也就是说，潘宇海和蔡达标持有的股权相同。

2007 年，真功夫计划上市，潘宇海和蔡达标决定融资，并获得了中山联动和今日资本的投资。当时，2 人分别拿出 3% 的股权给投资者，2 人持有的股权依然相同，均为 47%。

随后，蔡达标聘请了一些职业经理人对真功夫进行管理，取代了之前的家族内部管理人员，并控股中山联动。至此，真功夫的股权发生了多次变化，其变化路径如表 12-1 所示。

表 12-1　真功夫的股权变化路径

单位：%

关键节点	蔡达标股权	潘敏峰股权	潘宇海股权
蔡达标、潘敏峰离婚前	25	25	50
蔡达标、潘敏峰离婚后	50	—	50

关键节点	蔡达标股权	潘敏峰股权	潘宇海股权
引入中山联动和今日资本，各占 3%的股权	47	—	47
蔡达标控股中山联动	50	—	47

由于很多工作是由蔡达标主持和推进的,因此潘宇海的实际权力已经被架空。这个结果引起了潘宇海的强烈不满,他和蔡达标之间的矛盾进一步升级。

为此,潘宇海状告蔡达标非法挪用资产。经过法院的调查和决策,蔡达标被逮捕,潘宇海重新获得了真功夫的控制权。虽然真功夫的股权之争落下了帷幕,但是这对真功夫造成的影响是巨大的。

现在,很多创业者是与自己的朋友或亲人一起创业的。在创业初期,出于朋友或亲人之间的情谊,创业团队往往会平分股权。不过,如果在公司发展壮大之后不重新进行股权分配,那么极有可能导致不良的后果。为了避免这种情况,创业者应该在公司成立之初制定明确的股权分配制度,并将其落到实处。

12.3.3　创业者失去控制权的处理方法

在创业的过程中,创业者可能遭遇的最大风险之一是失去公司的控制权。乔布斯曾经离开苹果,直到 1997 年苹果出现危机,他才回归苹果。如果苹果没有出现危机,那么乔布斯可能没有机会回归苹果,也就无法创造出苹果手机。

创业者也是人,人都有可能犯错误。不过,只要牢牢掌握公司的控制权,就有改正错误的机会。大部分创业者只知道投资者可以给公司带来资金,却往往容易忽视背后潜藏的危机，对投资者没有丝毫防备，最终失去控制权，被迫离开自己一手创办的公司。

公司的控制权主要通过决策来体现，而公司的决策主要通过以下两个层面来完成，一个是股东会层面，另一个是董事会层面。

1. 股东会层面

掌握控制权的最佳方法是掌握公司的控股权，因为公司的重大事项通常是由股东会决定的，如修改公司章程、任命董事，以及公司分立、合并、清算等。谁能掌握控股权，谁就能影响股东会的决策，进而控制公司。在股东会层面掌握控制权主要有以下几种措施。

（1）归集表决权。将小股东的表决权汇集到创业者手中，增加创业者的表决权。

（2）多倍表决权。虽然创业者的股权小于50%，但是公司章程可以规定创业者的每一股股权拥有多个表决权，这样能够增加创业者在股东会上的表决权。

（3）创业者的否决权可以被视为一种防御性策略。当创业者的股权小于50%时，创业者的否决权也可以影响股东会的决策。否决权主要针对公司的重大事项，如合并、分立、解散、融资、年度预算结算、并购、审计、高层人士任免、董事会变更等。只要创业者对有关重大事项的决策行使否决权，相关决策就不能通过。

2. 董事会层面

在董事会层面，决策的结果由人数决定，谁在董事会中获得的支持更多，谁就掌握了话语权。控制董事会最直接的方式是取得委任董事的权利。在创业初期，大部分投资者愿意让创业者领导公司。不过，随着公司不断壮大，股东之间的利益冲突逐渐显现，控制权成为创业者与投资者博弈的关键。

　　综上所述，在融资时，创业者应该防患于未然，提前设计合理的股权架构，避免失去公司的控制权，最终落得黯然离场的结局。

反侵权盗版声明

电子工业出版社依法对本作品享有专有出版权。任何未经权利人书面许可，复制、销售或通过信息网络传播本作品的行为；歪曲、篡改、剽窃本作品的行为，均违反《中华人民共和国著作权法》，其行为人应承担相应的民事责任和行政责任，构成犯罪的，将被依法追究刑事责任。

为了维护市场秩序，保护权利人的合法权益，我社将依法查处和打击侵权盗版的单位和个人。欢迎社会各界人士积极举报侵权盗版行为，本社将奖励举报有功人员，并保证举报人的信息不被泄露。

举报电话：（010）88254396；（010）88258888

传　　真：（010）88254397

E - m a i l：dbqq@phei.com.cn

通信地址：北京市万寿路 173 信箱

　　　　　电子工业出版社总编办公室

邮　　编：100036